AF344884

LE LIVRE DES SŒURS

Du même auteur :

Chronique de l'année People 2006, Chronique, 2006.
Chronique de l'année People 2007, Chronique, 2007.
Harrison Ford, Fitway, 2007.
Le Carnet du savoir-vivre, Flammarion-Le Figaro, 2008.
Le Carnet du savoir-vivre au bureau, Flammarion-Le Figaro, 2009.
Le Carnet du savoir-recevoir, Flammarion-Le Figaro, 2009.
Le Savoir-vivre pour les nuls, First, 2011.
Le Livre des copines, 1999, La Table Ronde, 1999 ; JC Lattès, édition revue et augmentée, 2012.

www.editions-jclattes.fr

Laurence Caracalla

LE LIVRE DES SŒURS

JC Lattès

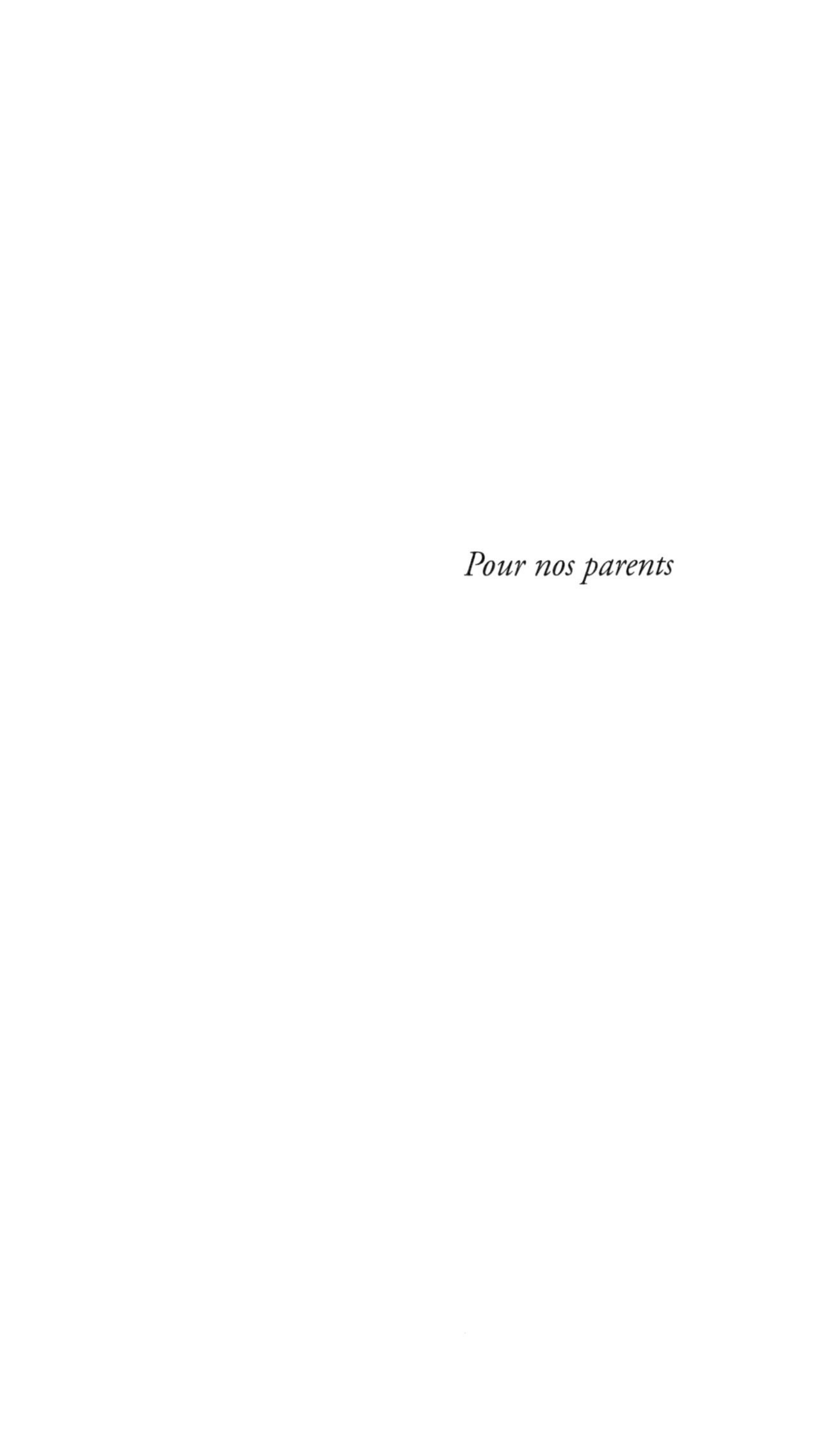

Pour nos parents

Introduction

Elle a dix ans et c'est la sieste. Dans le noir, ma sœur imagine la garde-robe idéale : deux placards, un pour elle, un pour moi. Des tenues de toutes les couleurs, des chaussures assorties. On pourrait se changer tous les jours, s'habiller parfois pareil. On irait se promener ensemble et peut-être même qu'on aurait un chien. Ce serait une belle vie.

Trente ans plus tard, il n'est pas rare que ma sœur me tienne le même discours. Il est en tout cas question de vêtements, sujet qu'elle maîtrise parfaitement. Elle aime m'habiller et je ne veux pas lui gâcher son plaisir. Rien ne la rend plus heureuse que de m'aider à trouver le bon pantalon. Je crois que l'idée de me savoir élégante la réconforte.

Parfois, nous partons pour un long pèlerinage. Ce sont les soldes, période pas marrante quand on est accompagné d'une professionnelle de l'élégance. Dans ce magasin à l'autre bout de Paris, je la sens anxieuse : va-t-elle trouver cette paire de bottes qu'elle rêve de me faire acheter ? Ça rigole moins d'un coup. La tension est palpable, le regard vif, le geste rapide. Et hop, nous y voilà. Petit sourire, décontraction soudaine, les muscles se relâchent : elle a trouvé. « Essaie. » Je m'exécute. « Tu te sens comment ? » Moi, fébrile : « Bien. » « Bien comment ? Bien, bien, ou bien, bof ? » « Bien, bien. » Ma sœur a la victoire modeste. Elle scrute mes pieds et me fait toujours la même remarque : « Ça te va impeccable. » Ouf, je suis sauvée. J'ai une nouvelle paire de pompes et ma sœur nage dans le bonheur. Une journée réussie.

Ma sœur a donc imaginé une vie idéale faite de placards remplis, de promenades et de chiens. Et puis que je serais là, toujours, même dans ses rêves.

Il existe des centaines de photos de nous. Petites, notre père nous bombardait. De vraies jumelles, sauf que l'une est plus petite, plus ronde, plus timide. Elle regarde la plus grande qui regarde l'objectif. On se tient la main sur presque toutes les photos et on a l'air de drôlement s'aimer. Image d'Épinal ? Peut-être. Mais pas seulement. Ce fil indestructible qui nous lie depuis toutes ces années a été tissé par les deux personnes qui nous ont élevées. Nous devons d'abord à nos parents notre exceptionnelle relation. Nous le savons bien, ma sœur et moi. Notre attachement à notre mère et à notre père amuse souvent les uns et agace parfois les autres. Quoi ? À quarante ans passés, ces deux sœurs appellent sans cesse leurs parents ? Elles passent une grande partie de leurs vacances avec eux ? Elles viennent les voir tous les dimanches que Dieu fait ? Oui, c'est comme ça et on n'a même pas honte. On a besoin d'être ensemble. Besoin de s'engueuler et de discuter. De rigoler et de claquer les portes. On se donne rendez-vous dans l'appartement de notre enfance où tout est immuable. Chacun ses repères. Le nôtre se situe dans le XVIIe arrondissement de Paris où, quoi qu'il arrive, on passe chaque semaine quelques heures. Toujours contentes d'y arriver, parfois ravies d'en repartir, car, soyons honnête, il y a des tensions. On y retrouve sûrement un petit goût de cette enfance qui ne nous a jamais vraiment quittées. Tant pis pour ce que pensent les autres. Pour ma sœur, comme pour moi, la rue Gounod, ce sera toujours « chez nous ». Nous n'avons jamais rendu les clefs. Les parents n'aimeraient pas ça.

Dans cette maison, il y a donc une grande sœur et une petite sœur qui, peu à peu, ont cessé de vivre ensemble. N'ont plus tout partagé. Mais, au fond, ont-elles tellement changé ?

L'enfance

Ma sœur avait trois ans lorsqu'elle m'a rencontrée pour la première fois. Une chose braillarde a définitivement sonné le glas de sa liberté. Elle fut d'abord étonnée de voir ce bébé qu'on lui avait pourtant annoncé. Elle l'a pris dans ses bras, a dit qu'il était mignon et a remercié ma grand-mère de l'avoir amené. Voilà, on pouvait le rendre maintenant. Sa réaction, des plus naturelles, a fait rire mais, elle, elle n'a pas trouvé ça drôle. On lui a expliqué encore et encore cette situation inédite. Il fallait se rendre à l'évidence : j'étais là pour longtemps, bien décidée à tenir ma place. La petite fille, devenue l'aînée, a pleuré parce qu'elle avait compris. Quand on est deux, on doit tout partager, les parents et les jouets. Enfin, tout ce qu'on voulait garder à jamais pour soi toute seule.

Comment a-t-elle pu m'aimer malgré tout ça ? Pourquoi ne m'en a-t-elle pas voulu ? J'avais tout contre moi. Il aurait été si facile de m'étouffer avec ma barboteuse ou, plus simplement, de m'enfoncer la tétine dans la gorge. Pourtant, ma sœur m'a admise dans son univers : elle avait sous la main un petit être tout fait, plus marrant qu'un baigneur, qu'on pouvait, comble du bonheur, modeler à sa guise. Elle devrait faire de moi tout ce qu'elle voudrait. Et n'allait pas s'en priver.

Nous dormions dans la même chambre et avons adoré ça. Jamais nous n'avons demandé à être séparées. La présence de ma sœur m'était indispensable pour m'endormir. Nous avions nos rituels.

Enfin, pour être tout à fait exacte, elle avait les siens : je les trouvais fantastiques. Tout ce que faisait ma grande sœur était fantastique. On était donc obligées de se dire bonne nuit. Sinon, qui sait ? On ne se réveillerait peut-être plus jamais. Ou on tomberait malade. Puis, on touchait du bois. On ne pouvait pas y couper. Ma grand-mère, puis ma mère, lui avaient transmis le gène des superstitieuses. Une prière rapide : que toute la famille soit en bonne santé. Enfin, on dort. Ou on discute dans le noir. Parfois, j'ai peur. Alors, elle me prend la main sans rien dire. Elle est la grande. Avec elle, quoi qu'il arrive, je ne risque rien.

Dans le noir toujours, elle m'infligeait parfois une frayeur épouvantable. Elle devenait d'un coup la réincarnation de la

Vierge Marie. J'avais été élue pour sauver des ténèbres les pécheurs du monde entier. Je protestais. Elle était ma sœur, je la reconnaissais. Non, Marie avait pris ses traits et je devais faire mon baluchon : arpenter les chemins boueux et partir direct pour Nazareth. Cette comédie, due en grande partie aux cours de catéchisme qu'elle venait de découvrir, me traumatisait au-delà de ce que je pourrais dire. Et puis, me sentant sans doute suffisamment terrorisée, la Sainte Vierge me sommait de me taire pour dormir en paix.

Ma sœur aura toujours abusé de son pouvoir. Elle savait que j'aurais fait n'importe quoi pour elle : «Va me chercher un verre d'eau», «Sors de la chambre» Et je m'exécutais aussi sec. Sans réfléchir. Ses désirs étaient des ordres, un point c'est tout. J'étais fascinée par son autorité naturelle et obéir à ses injonctions ne me contrariait même pas. Aucune petite copine n'aurait pu me commander quoi que ce soit. Aucune. Mais ma sœur était un être à part.

Quand je pense à cette enfance à deux, ce sont les samedis soir qui me viennent à l'esprit. Ces soirées où nos parents n'étaient pas là. On avait alors le droit de s'installer sur leur lit, on partageait nos bonbons, on regardait Joe Dassin ou Michel Delpech à la télé. On chantait, on dansait et on se marrait. J'avais les mêmes goûts que ceux de ma sœur bien sûr. Et si j'aimais Joe Dassin et Michel Delpech, c'est d'abord parce qu'elle les adorait. Puis, ce fut la période Michel Fugain. Et Claude François. Leurs chorégraphies nous inspiraient. Devant la télévision, ma sœur était Cloclo, j'étais la Claudette, celle du deuxième plan. Je n'étais pas malheureuse de cette situation, c'était tout simplement naturel. On improvisait des ballets très sophistiqués devant nos grands-parents exagérément émerveillés et... médusés lorsqu'on leur réclamait quelques sous pour le spectacle.

Mes copines m'enviaient. Celles qui n'avaient que des frères. L'autre jour, l'une d'elles m'a avoué qu'elle était fascinée par notre chambre. Les lits jumeaux, les Barbie que nous partagions, les jours et les nuits passés ensemble. Cette proximité l'a hantée. Elle en a longuement parlé à son psy : « Très intéressant, lui a-t-il dit, développez. » Elle a parlé de sa solitude, de ses deux frères aînés si indifférents, de ces émotions qu'on garde pour soi. Et puis, rentrant chez elle et après avoir bien gambergé, elle fut à deux doigts de m'accuser d'avoir foutu sa vie en l'air. Mais s'en est finalement prise à ses parents.

La voisine du dessous, la petite fille qui n'avait qu'un frère, passait sa vie à la maison, pleurait quand elle devait rentrer chez elle. Elle voulait une sœur et pas ce frère turbulent qui se foutait d'elle quand elle réclamait des poupées pour Noël. Elle grignotait quelques minutes supplémentaires pour finir d'habiller Ken. Ken, si c'est le mari de Barbie, c'est donc un homme, pas vraiment une poupée, hein? Chez elle, c'était tellement honteux et chez nous si naturel. Le paradis, quoi. Pas un jour sans que cette gamine, devenue mon amie pour la vie, me parle de ce temps béni où elle se sentait libre, enfin, d'être une petite fille comme les autres.

Et puis il y avait Gilles, le fils des amis de mes parents. Il venait tous les dimanches chez nous. Une sorte de cousin qu'on tolère, qui acceptait nos jeux et y participait de bonne grâce. Ce petit garçon aux yeux tristes m'a avoué, trente ans plus tard, que nous avions été ma sœur et moi le soleil de ses douze premières années. «Soleil», c'est le mot qu'il a employé. À voir ma mine étonnée, il m'a raconté qu'il était si isolé, se sentait si incompris, que ces dimanches le « rechargeaient » pour la semaine. On ne mesure jamais assez la solitude des enfants uniques. De sœurs, lui en a vraiment rêvé. Je sais qu'il parle de nous à ses fils comme de deux personnes très importantes dans sa vie. L'affection qui vient de l'enfance ne ressemble à aucune autre. Aujourd'hui, on se voit peu. Mais quand nous nous retrouvons tous les trois, nous formons un drôle de clan : chacun reprend sa place. Je suis donc encore et encore « la petite », ma sœur, « la coquette », et Gilles qui compte les points. On adore se remémorer les souvenirs de notre enfance. Toutes ces petites choses que nous sommes les seuls à nous rappeler. Il est l'unique personne dont j'accepterais les critiques à l'égard de ma sœur. Il n'en a d'ailleurs jamais abusé. En tout cas, c'est une relation à part. Et ça ressemble drôlement à un lien fraternel.

*

Premier jour d'école, premier jour de calvaire. Je m'accroche à la main de ma mère qui n'en mène pas large. Ma sœur fait la maligne. L'école, elle la connaît comme sa poche. Elle me dit quelque chose que je n'oublierai pas : « Regarde la première fenêtre au deuxième étage. Je suis là. » J'ai entendu « Je suis là pour toi », bien sûr. Cet endroit hostile ne l'était donc pas tant que ça. Là-haut, au deuxième étage, se trouvait ma grande sœur. Les autres enfants pleuraient, certains même hurlaient. Une petite fille se roulait par terre : un spectacle impressionnant. Moi, j'ai lâché la main de ma mère, et, gaillardement, je suis entrée dans ma classe. À quoi bon paniquer, une partie de moi-même n'était pas loin.

Je n'ai donc jamais été une petite fille solitaire. J'ai été très protégée et je me suis toujours sentie entourée. Beaucoup trop, diront certains. Mais l'est-on jamais trop ? Je ne connais pas ce sentiment d'isolement dont on me parle parfois. Ma sœur m'a rassurée dès ma naissance et ne sait pas que c'est elle qui m'a aidée à entrer dans la vie, sereinement, sans aucune de ces petites angoisses enfantines.

Alors, soit, je n'ai jamais tenu le rôle de Claude François. Mais Claudette, c'était pas mal non plus.

*

Je me souviens de cette copine de collège, Nathalie, très appliquée, éternelle deuxième. Elle travaillait dur. Pas assez, hélas, pour surpasser notre surdouée favorite. Celle qui n'apprenait jamais ses leçons puisqu'elle savait déjà tout. Nous admirions la première pour ses facilités et Nathalie pour son acharnement. Nathalie, donc, avait une sœur. Elle n'en parlait pas beaucoup, juste assez pour que l'on sache qu'elle était plus âgée que nous et qu'elle était la meilleure amie d'une célèbre princesse. Si on lui posait des questions sur ce sujet captivant, elle restait sur ses gardes. On ferait mieux de réviser nos maths. Un jour, lors d'un grand rassemblement dans la cour de récréation, Nathalie arrive en retard. C'était bien la première fois. La petite fille, une dure à cuire, était en larmes. Que se passait-il ? « Sa sœur a eu un accident. » On court vers elle. On veut prendre des nouvelles, la consoler. Mais elle crie en nous apercevant. Un cri déchirant, terrorisant. Et nous sommes terrorisées. Machinalement, on s'écarte d'elle comme pour la laisser respirer. On croit voir qu'elle s'étouffe. Pour la première fois, les petites filles que nous sommes ressentent la douleur de quelqu'un d'autre. Une douleur inouïe. Évidemment, je pense à la mienne, de sœur. Que se passerait-il si elle devait être blessée, malade, morte peut-être ? Je ne l'avais jamais imaginé et une angoisse lancinante s'empare de moi. J'entre dans le monde des grands. Un monde où le malheur existe aussi. J'ai mis des jours à me défaire de l'image de Nathalie, hurlant de chagrin devant nous, fillettes inconscientes. En rentrant chez moi, je n'ai parlé à personne de ce drame : peur de poser des mots sur ce que je ressentais, peur d'effrayer ma mère si protectrice. Mais j'avais une petite boule dans la gorge quand je la croisais à l'école. Je ne regardais plus ma sœur tout à fait comme avant. Je pensais à ma vie sans elle. La sœur de Nathalie s'en est sortie. Je n'ai jamais osé lui demander de ses nouvelles. Elle ne voulait plus entendre un mot sur l'accident. Elle nous avait prévenus : qu'on la laisse tranquille. Que la vie reprenne son cours. Depuis, il n'y a pas un mois sans que je pense à cette petite silhouette douloureuse dans cette grande cour, l'image même du désespoir.

*

Nous adorions, ma sœur et moi, quand nos parents recevaient à dîner. D'abord parce que cela signifiait qu'ils restaient là, tout près, et qu'en tendant l'oreille on pouvait les entendre rire, discuter de sujets dont nous ne comprenions rien mais qui semblaient captivants. Cette douce rumeur venue du bout du couloir nous rassurait sans doute. Le rituel était de venir saluer leurs amis. Je crois que cela les amusait de voir ces deux petites filles passer leur dire bonsoir.

Bien peignées, dans nos chemises de nuit et nos pantoufles impeccables, nous faisions la révérence aux dames. Petite inclination de rien du tout qui nous paraissait naturelle et qui ferait ricaner les gamins d'aujourd'hui. Ces gamins, c'est à leur tour de me saluer quand je suis chez leurs parents. Et, toujours, je suis émue par leur timidité, leur plaisir évident d'être mêlés aux adultes, dans leur univers. Souvent, lorsque deux petites filles pénètrent dans le salon, je repère immédiatement l'aînée. C'est elle qui entre la première, l'air assuré, le sourire aux lèvres. La cadette se cache derrière elle, copiant, autant qu'elle le peut, l'attitude de sa sœur. C'est toujours vers cette dernière que je me dirige d'abord. Pour lui dire les mots que j'aimais entendre à son âge. La complimenter sur sa chemise de nuit, sur les centimètres qu'elle a encore pris. Je me jure de ne pas parler d'école. On ne sait jamais, ce n'est peut-être pas un sujet de conversation à aborder. Je lui raconte que moi aussi j'ai une grande sœur, que c'est une chance. Est-ce qu'elle le sait ? « Bien sûr » répondent certaines. « Bof », répondent les autres. « J'aurais préféré un frère », me dit Jeanne. Bérénice a entendu et foudroie sa sœur du regard. Bérénice et Jeanne ont deux ans de différence. « Deux ans et deux mois », rectifient-elles. Dont acte : Bérénice et Jeanne ont deux ans et deux mois de différence, dix ans pour l'une, huit pour l'autre. Je leur ai demandé un soir si nous pouvions nous voir toutes les trois. Qu'elles me parlent de leur vie à toutes les deux. J'espérais sans doute qu'elles soient folles de bonheur mais elles ont, chacune à leur tour, hésité. Méfiantes, elles voulaient d'abord savoir pourquoi et, après moult explications, ont finalement accepté l'entretien.

Je trouve d'abord les murs de leur chambre commune étrangement nus. Mais je suis prête à parier que, dans quelques années, Bérénice y épinglera des portraits de Rimbaud, Jeanne celui d'un chanteur à la mode. Pour le moment, elles n'ont pas vraiment d'idoles mais ça va venir, forcément. Pendant que je les interviewe, elles escaladent ensemble leurs lits superposés. Peut-être sont-elles un peu émues de répondre à mes questions ? Ou peut-être que ça les barbe. Je leur demande gentiment de se poser, ça les fait rire. Tant pis, c'est parti pour un interrogatoire agité qui va me coller la migraine.

Ce n'est pas parce que Bérénice a quelques centimètres de plus qu'on repère immédiatement qu'elle est l'aînée. Elle en a la stature. Quand je les questionne, c'est elle qui répond en premier et qui se tait quand sa sœur prend la parole. Déjà respectueuse. Jeanne a alors tout le temps de m'avouer que Bérénice n'est pas assez présente pour elle :

«Toujours en train de lire au lieu de jouer. » Les différences se dessinent très tôt. Bérénice est une cérébrale et ce n'est pas facile pour Jeanne qui n'a qu'une envie : s'amuser. Elle est aussi très raisonnable et se considère comme une maman pour sa petite sœur. «Une maman numéro 2 », rectifie-t-elle, gênée. Comme si elle avait peur de blesser sa mère. Il arrive même à Jeanne de l'appeler par erreur «maman» et ça les fait beaucoup rire. Bérénice a une grande conscience de son rôle d'aînée. Ses parents lui confient plus de responsabilités, lui demandent de surveiller Jeanne. À l'entendre, notre Cosette fait tout à la maison! Sauf aider sa sœur à faire ses devoirs, comme si cela la mettait mal à l'aise. Elle est très bonne élève et ne veut pas en faire tout un plat. Elle ne préfère pas montrer à Jeanne ses 10 sur 10, même si elle en est fière. Mais Jeanne est plus rêveuse, plus distraite, les 10 sur 10 ce n'est jamais pour elle. Alors pas question de la rendre jalouse ou même triste.

Les filles dorment dans la même chambre alors qu'il y a une pièce de libre juste à côté. Officiellement, Bérénice dit y avoir vu des araignées effrayantes, là où l'on voulait la faire dormir. Officieusement, elle avoue préférer passer la nuit avec sa sœur : pour pouvoir parler dans le noir, se réciter un à un les personnages de Walt Disney et surtout se dire des secrets. Des secrets si importants que même les parents ne les connaissent pas. Elles ont une confiance absolue l'une envers l'autre. Et beaucoup de connivence aussi puisqu'elles ont oublié de me dire qu'elles dorment tête-bêche dans le même lit. « Pour être complètement rassurées », me glisse leur mère.

Si Bérénice a déjà eu envie d'avoir un frère, « en plus de ma sœur », dit-elle en regardant gentiment Jeanne, c'est pour comprendre les garçons. Être mieux armée face à eux. Parce que, avec sa petite sœur, elles n'y connaissent rien au sexe opposé et ça a tout l'air de leur poser un problème. Je m'abstiens de leur dire qu'elles vont devoir attendre longtemps pour percer ce grand mystère.

À l'école, Bérénice règle tous les problèmes de sa sœur. Une dispute dans la cour ? Elle intervient, demande qu'on lui explique la situation et, d'une parole bienveillante, arrange l'affaire. Jeanne bien sûr l'admire : elle sait si bien dépatouiller les complications de sa vie. « Je la console aussi quand elle pleure », dit Bérénice d'un ton presque las. Ces deux petites filles sont toujours ensemble, je ne les vois jamais l'une sans l'autre. Mais il y a la classe verte. Une longue absence qui fait des ravages dans les cœurs des petites sœurs. Des jours et des jours sans se voir, c'est long. Jeanne, pourtant, devrait être contente. Elle a ses parents pour elle toute seule. Mais rien n'est plus pareil. Car la vie de Jeanne, c'est aussi être avec Bérénice. J'ose demander, histoire de conclure : « Sinon, l'école ça va ? » « Jeanne préfère ne pas en parler », me répond l'aînée. Un ange passe. La grande sœur veille au grain. Nous n'en parlerons donc pas mais nous discuterons de leurs vacances, de leur tenue vestimentaire, des copines des unes et des autres, de leurs différences aussi qu'elles acceptent avec une certaine tolérance.

En partant, Bérénice me confie son désarroi de ne plus se souvenir de Jeanne bébé. Elle aurait tellement voulu s'occuper d'elle. Elle profite de l'absence de sa cadette pour me confier : « Tu sais, vraiment, je n'échangerais pas ma sœur pour une autre. »

*

Parmi les cousins, j'étais la plus jeune. En vacances, leur maison était voisine de la nôtre. Je les suivais partout. Ma sœur m'abandonnait un peu. Il faut dire qu'elle était amoureuse d'Antoine, notre cousin. Elle se mariait même régulièrement avec lui, ce qui donnait lieu à un sérieux cortège. Je n'avais bien sûr aucune place dans cette relation. Sauf quand ils avaient besoin d'un nouveau-né dans les saynètes qu'ils inventaient. Ma sœur la femme, Antoine son mari, et moi le bébé qui doit surtout la fermer, mais qui peut poser pour la photo officielle. Il m'arrivait également de tenir une serviette-éponge habilement accrochée à la taille de ma sœur et censée représenter une traine. Ça m'est revenu en voyant Pippa Middleton faire la même chose. Un jour, ma mère et ma tante ont quand même dû expliquer au jeune couple de sept ans qu'ils ne pourraient sans doute pas s'unir «pour de vrai». J'entends encore les sanglots de ma sœur, je revois le désespoir d'Antoine. Mais ce dont je me souviens le mieux, c'est de ma joie immense : ces deux-là ne seraient jamais vraiment un couple. Un soulagement qui aujourd'hui encore me fait honte!

Dans cette petite bande formée pendant l'été, j'étais celle qui marchait derrière, qui râlait tout le temps et qui n'hésitait jamais à rapporter aux adultes les bêtises de mes aînés. Ces derniers m'avaient prise en grippe, rien de plus normal. Mais je m'obstinais à les suivre partout. J'étais celle qui n'ouvrait jamais les portes, mais à qui on ordonnait dix fois par jour de les fermer derrière elle. Celle qu'on était obligé d'accepter sinon les parents faisaient des histoires. En bref, j'étais l'incarnation de tous les petits derniers du monde entier : un boulet. Doublée, c'est vrai, d'une emmerdeuse.

Mon aînée prenait son envol. Tout cela

n'allait qu'empirer avec l'âge. On ne peut pas se cramponner toute sa vie à sa grande sœur, n'est-ce pas ? Mon intuition me soufflait qu'il allait falloir prendre mon destin en main.

L'adolescence

L'adolescence, je ne vous apprends rien, est la période où l'on s'émancipe de ses parents. Ce ne fut pas vraiment mon cas. Bien sûr, je râlais beaucoup, mettais en doute leurs dires, haussais les épaules et claquais les portes. Rien de plus normal. Mais c'est de ma sœur que je me suis affranchie. À son grand étonnement. Vers douze, treize ans, j'ai voulu prendre mon indépendance. Je ne saurais expliquer comment cela m'est venu, mais c'est arrivé. Mon caractère docile avait pris du plomb dans l'aile. Toujours est-il que je me suis retrouvée, un beau matin, seule dans ma chambre. Ma sœur avait déménagé dans la pièce voisine. Je me suis installée avec délectation : mes petites affaires par ici, mes livres par là, des disques rien qu'à moi et beaucoup de place pour danser le rock and roll avec mes copines. Une liberté à laquelle je n'avais même pas pensé et qui me tombait dessus. C'était délicieux et ne me faisait même pas peur. Cette période fut aussi le début des ennuis, car je n'acceptais plus l'autorité de mon aînée.

Un seul ordre, un ton péremptoire, une invective déclenchaient les foudres de la cadette. Je me rebiffais, de façon parfois exagérée. L'une comme l'autre, nous étions – et sommes toujours – pourvues d'un vocabulaire fleuri. On en connaît un rayon en gros mots gratinés. C'est d'ailleurs un mystère, je n'ai jamais su comment nous venait cette facilité à proférer des grossièretés. Bien sûr, grâce à notre père, nous avions fait argot deuxième langue et nous étions de bonnes élèves. Mais il était le premier à s'affoler de nous entendre balancer des paroles ordurières dont nous ne pensions évidemment pas un mot. En cas de crise, nous répétions éternellement la même engueulade, humiliante par excellence : je la traitais de demeurée, elle me traitait de laideron. J'exagère à peine. Il faut dire que ma sœur étant ravissante, il m'était difficile de trouver d'autres arguments. J'en profite pour parler de la beauté de ma sœur ici. Car chez nous, c'était impossible. Dire à mes parents que ma sœur était belle suggérait forcément que je me trouvais moche. D'où la mine affligée, voire exaspérée, de mes adorables géniteurs, qui avaient fait de leur mieux. Bref, quand la tension montait entre nous deux, ma sœur me lâchait le sempiternel « et en plus tu es moche ». Complexée comme on peut l'être à treize ans, elle visait juste. Le coup faisait mal et je n'arrivais jamais à l'esquiver. Je ne voulais pas lui faire le plaisir de me voir blessée et rétorquais le fameux « et toi tu es tellement niaise », pas très original je vous l'accorde.

Ces passionnantes empoignades agaçaient nos parents au plus haut point. D'autant qu'ils savaient que, trois quarts d'heure plus tard, on était à deux doigts de roucouler. Dans la famille, on ne se fait jamais la gueule très longtemps : on a trop de choses à se raconter. Alors, je traînassais devant la porte de sa chambre, lui disais deux mots. Elle finissait toujours par me répondre. Crise terminée.

Il arrivait aussi qu'on se batte. Ma sœur, la féminité incarnée, est incroyablement forte, je suis incroyablement douillette. Je pleurnichais sans arrêt à cette époque. En cherchant bien, je devrais retrouver quelques cicatrices de ces luttes à mains nues. Dans un train, pour une raison sans doute primordiale, elle m'a arraché une bonne mèche de cheveux. Un autre jour, elle m'a balancée contre une porte, ce qui a provoqué un bruit extraordinaire. Je n'avais rien senti, mais j'en ai profité pour simuler un profond coma. L'ennemie ne s'y attendait pas. Je la sentais nerveuse, bondissant en tous sens, proche de la crise de nerfs. Autant le dire, je buvais du petit-lait. Puis, alors qu'elle s'apprêtait à alerter le Samu, je me suis relevée en éclatant de rire. C'est là qu'elle m'en a collé une.

Ces disputes n'étaient pas quotidiennes, loin de là. Mais c'est une époque de notre vie où on ne savait pas communiquer. On ne trouvait pas les mots. La castagne était un résumé de ce que l'on voulait se dire : je t'aime mais tu m'emmerdes. C'est aussi simple que ça.

Mes copines n'ont jamais eu à se plaindre de mes gifles ou de mes coups ! Ma sœur était la seule personne au monde avec qui je me frottais. J'étais la seule personne au monde à qui elle flanquait des claques. Pas d'erreur, nous étions des sœurs vraiment proches.

Ma sœur a une haute idée de son statut d'aînée. Je n'ai pas fait grand-chose pour la lui ôter. À l'adolescence donc, tout s'est déréglé. J'ai combattu pour être son égale. Combat perdu d'avance, je n'avais pas les armes. Chez ma sœur ce sentiment est inné. Elle a ça dans le sang. Non pas qu'elle veuille me prendre de haut, encore moins me rabaisser, mais c'est plus fort qu'elle, il faut qu'elle prenne les commandes. J'ai lutté contre le pouvoir qu'elle exerçait sur moi. J'ai tenté l'indifférence mais j'avais trop besoin d'elle. Puis l'ironie, qui finissait, nous l'avons vu, en combat sanglant. Pendant toutes ces années, elle m'a toujours présentée comme sa *petite* sœur. Je me suis rebiffée. Il n'y avait plus de petite sœur qui vaille, j'étais adulte ou presque, ne l'avait-elle pas remarqué ? Aujourd'hui encore, il lui arrive de lâcher par mégarde un « ma petite sœur » sans le vouloir. Elle me regarde affolée, s'excuse de cette bévue. Mais voilà qu'à présent j'adore ça. J'ai trente ans de moins d'un coup, et, par les temps qui courent, c'est toujours ça de gagné.

Dans les bons jours, elle s'occupait si bien de moi que j'acceptais de jouer le rôle de la gamine sans expérience. Elle n'en avait pas beaucoup non plus, il faut l'admettre, mais les trois ans qui nous séparaient me semblaient la preuve irréfutable qu'elle avait vécu de grandes choses.

Dans les mauvais jours, je n'avais besoin de personne et surtout pas d'elle. J'avais un monde bien à moi, loin, très loin du sien.

Je me sentais si supérieure à elle, loin de ses sautes d'humeur, de ses copines hystériques, de son obsession pour les fringues, de ses déplorables goûts musicaux ou cinématographiques. Moi, j'étais la passionnée, l'ado qui pense, celle qui a un avis pertinent sur tout et n'importe quoi. Je me demande même si ça ne frisait pas la prétention. C'était l'époque où je passais des heures à écouter les disques de Bernard Lavilliers, le chanteur engagé qui méprisait les « petites-bourgeoises demoiselles ». Comme il avait raison. Ma sœur incarnait à mes yeux cette petite-bourgeoise, cette « Parisienne frivole ». Loin, très loin des vrais problèmes de société dont nous discutions des heures avec mes copains avant de mettre les pieds sous la table chez Papa Maman. Il m'arrivait même d'avoir des idées précises en matière de politique internationale, gouvernementale. La Présidentielle approchait et j'avais mon mot à dire. Je devais raconter à peu près n'importe quoi, et ma sœur, qui se foutait de la situation économique de la France comme de l'an quarante, me demandait de la fermer, ou pire, me regardait avec cette ironie qui me rendait dingue.

Mais chaque matin, en m'habillant pour aller à l'école, j'oubliais mes combats contre l'injustice ambiante, et passais l'air de rien dans sa chambre pour qu'elle me confirme le bon goût de ma tenue.

*

Raphaëlle se souvient de ses seize ans. Une période plutôt gaie et un peu triste aussi. Surtout parce que Alice n'était plus tout le temps avec elle. Alice est sa cadette. À l'adolescence, elles n'ont plus partagé les mêmes copains, les mêmes boums. Alice a tenu à changer d'école, à s'émanciper de sa sœur en quelque sorte. Raphaëlle n'a pas bien compris ce besoin d'indépendance. Un groupe s'est formé autour de sa sœur dans lequel Raphaëlle n'avait pas de place. Ce fut un grand bouleversement : « J'étais un peu jalouse et en même temps admirative qu'elle ait eu le cran de se créer un univers hors de la famille. » Raphaëlle n'avait pas voulu sortir de son cocon, s'exposer, en changeant d'école, là où elle avait sa vie depuis la maternelle. L'adolescence fut donc une période à part, celle où elles ont été les moins proches. Chacune ses amitiés, fusionnelles pour l'aînée, plus pondérées pour la cadette, mais ce qui n'a jamais changé c'était les confidences partagées. Les deux sœurs se racontaient leurs rêves : l'une serait écrivain, l'autre chanteuse, l'une écrirait des paroles de chansons, l'autre composerait la musique et les interpréterait. « On se voyait déjà travailler ensemble, partager la gloire et la fortune. Collaborer dans une confiance absolue serait la clef de notre réussite. »

Raphaëlle a toujours pensé que sa sœur était la plus jolie : des yeux et des cheveux noirs, un visage tellement typé, elle qui se sentait banale. On leur disait souvent qu'elles se ressemblaient mais elle n'en croyait pas un mot. Aujourd'hui, en revoyant des photos, elle admet que la ressemblance est flagrante. Mais la beauté, elle en était persuadée, c'était Alice. Cela ne la rendait pas jalouse. Néanmoins, lorsqu'on la complimentait sur le physique de sa sœur, elle en déduisait toujours qu'elle ne devait pas être terrible. On est si susceptible à seize ans, si attentif au moindre mot, si peu sûr de ses atouts.

Même si elle se refusait à le concevoir à cette époque, elle avoue aujourd'hui : « Au fond, deux sœurs, ce sont deux rivales, même quand on n'en a pas conscience.

Même quand on refuse l'idée même de concurrence. »

Ces deux-là parlaient beaucoup d'amour puisqu'elles sont, l'une comme l'autre, d'incorrigibles romantiques. Elles se disaient tout, ne gardaient pour elles aucun de ces petits secrets difficiles à raconter. « J'étais la première informée quand elle tombait amoureuse et je lui racontais le moindre de mes coups de cœur. » La seule limite : ne jamais partager le même amoureux. Une situation inconcevable : « Je devinais tout de suite quand Alice avait un penchant pour un garçon. Instantanément, j'en regardais un autre ! » C'était aussi simple que ça. Elles s'engueulaient beaucoup aussi. Des hurlements qui se calmaient en quelques secondes. Sa sœur était l'unique personne à qui elle pouvait dire n'importe quelle horreur puisque ça ne portait pas à conséquence. « Je ne me suis jamais sentie remise en cause par ma sœur. Elle m'aime quoi qu'il arrive, c'est une de mes rares certitudes !» Entre elles, donc, jamais de drames, même dans cette période floue où on n'est pas franchement bien dans sa peau. À l'entendre, Raphaëlle a traversé cette période compliquée le plus sereinement possible, en grande partie grâce à sa sœur. «Pourtant, j'ai toujours culpabilisé : si j'allais bien, je voulais que ma sœur aussi soit heureuse. Si elle allait mal, je n'arrivais pas à profiter de mon bonheur.» Et puis, tendrement, elle avoue : «Je suis sûre d'être la personne au monde qui sait le mieux la réconforter. Et réciproquement.» Ça non plus, ça n'a pas changé.

*

C'était l'âge où nous n'avions plus les mêmes amis. Chacune chez soi. Ce qui ne m'empêchait pas d'être acceptée par sa bande. Mes parents partaient souvent en week-end à cette époque-là. L'appartement de la rue Gounod se transformait alors en véritable club de vacances. Le salon était enfumé et les copains de ma sœur marrants. J'avais l'autorisation, malgré mes quelques années de moins, d'assister à ces soirées d'ados où je ne me sentais pas à ma place. Peu à peu, je suis devenue la mascotte du groupe. On m'interrogeait, on me demandait mon avis et je tentais de trouver les réponses les plus inattendues pour ne pas les décevoir. Et surtout pour garder ce statut qui me réjouissait. Ma sœur ne semblait pas irritée par ma présence. Mieux, devant eux, je ne l'ai jamais entendue me faire de remarques désobligeantes. Ses amis étaient gentils, me traitaient comme « la petite », ce qui me convenait parfaitement. Je crois que je les faisais rire car mon rôle consistait aussi à faire le pitre. J'étais donc là, faussement décontractée, complètement déconcertée en réalité par ces jeunes gens à peine plus âgés que moi et pourtant d'un autre monde. Sous mes yeux, ma sœur se transformait : c'était presque une femme avec tous ces garçons qui la dévoraient des yeux, ses manières de maîtresse de maison, cette capacité à mettre ses amis à l'aise, ses « faites comme chez vous » et autres « sers-toi dans la cuisine ». Je l'admirais – une fois encore – et me disais que je ne saurais peut-être pas faire ça moi-même. Je n'étais là que pour regarder, plutôt pour observer car j'étais très douée pour deviner qui avait un penchant pour qui. Mais, au fond, je ne participais pas vraiment. Et puis, avouons-le : leur univers me foutait un peu la trouille.

Et pourtant… Quelques années plus tard, c'était mes copains qui venaient à la maison. Sans le vouloir, sans même m'en rendre compte, je reproduisais les soirées d'antan à l'identique : amis marrants et salon enfumé compris. Ma sœur passait en coup de vent, satisfaite de me savoir entourée. Car une de ses nombreuses angoisses me concernant, et qui ne s'atténuent pas avec l'âge, est de me savoir seule. On se demande bien pourquoi, ça ne m'arrive jamais. Quand elle entrait dans le salon, mes amis étaient un peu troublés. Elle n'était « que » ma grande sœur mais son autorité naturelle, et sans doute sa grâce, les impressionnaient. Les avachis se redressaient, les fumeurs éteignaient leur cigarette. Elle voulait tout savoir de nos soirées. Ce n'était pas de la curiosité malsaine, ni même une façon de surveiller un quelconque excès. Non, il fallait être sûre que j'étais bien. Ma sœur, déjà, adorait qu'on m'aime. Elle n'hésitait jamais à faire ma pub : racontait ma dernière blague, vantait ma nouvelle coupe de cheveux. Un véritable agent de promotion. Mes copains la rassuraient et j'en rajoutais :

nous allions passer une soirée exceptionnelle, nous avions des tas de projets et j'adorais être avec eux. Elle repartait l'âme en paix et la mine réjouie. Il ne fallait pas être fin psychologue pour deviner ce qu'elle avait en tête : «Ma sœur va bien, donc moi aussi.» C.Q.F.D.

*

«Tout vient des parents. Leur attitude est déterminante dans une relation entre sœurs, c'est une certitude.» Séverine a fait ce constat à l'adolescence, cette période où sa sœur et elle ont commencé à passer beaucoup de temps ensemble. Où Séverine a pris conscience de son pouvoir de séduction, plus fort, dit-elle sans aucune forfanterie et même avec une lucidité qui lui fait mal, que celui de son aînée. «J'ai été élevée dans l'idée qu'il fallait séduire. Je voulais répondre aux attentes de ma mère. » Pour Séverine, ce fut chose aisée. Sa mère adorait charmer et voulait que ses filles prennent le même chemin. Seulement voilà : sa sœur refusait ce rôle qui ne lui convenait pas. À l'adolescence, les deux sœurs sortent ensemble. « Je me souviens de ma première grande fête. C'était un mariage. Très vite, j'ai senti que j'attirais l'attention. Je plaisais. Plus que ma sœur. J'étais sans doute moins timide, plus sûre de moi, mais c'est un fait. Je ne m'en réjouissais pas, c'était comme ça. » Depuis ce jour, elles partagent leurs amis, les soirées. On les voit tout le temps ensemble à ce moment-là, mais c'est Séverine, la cadette, qui est sur le devant de la scène. Leur mère est exigeante, elle veut que ses filles aient une vie sociale importante. Pour Séverine, c'est facile et agréable : « J'étais la fille de ma mère. Ma sœur, celle de mon père. J'étais la mondaine, ma sœur la sauvage. » Le premier grand amour de Séverine n'était autre qu'un ex-fiancé de sa sœur : « Ça n'a posé aucun problème. En tout cas, elle ne me l'a jamais dit. J'en ai déduit que cela ne la blessait pas le moins du monde. Ce n'était en aucun cas pervers. » Bizarrement, Séverine ne garde pas de souvenir de rivalité, là où on imagine qu'il devait y en avoir. Elle croit sincèrement que la place considérable qu'elle prenait dans ce duo n'a jamais gêné son aînée. « Peut-être même que ça l'arrangeait. » Elles n'en ont jamais parlé jusqu'au jour où sa sœur lui a avoué qu'elle souffrait de sentir sa mère encourager Séverine. Elle, elle était la fille rêvée, son aînée était forcément décevante. Alors Séverine a beaucoup culpabilisé. C'est à cette période précise qu'elle s'est sentie devenir une grande sœur malgré ses quelques années de moins. Elle s'est mise à la soutenir beaucoup. Trop parfois. Jusqu'à ce que Séverine lui demande d'arrêter de ne lui raconter que ses tourments : « J'ai voulu mettre des verrous. J'étais blessée dans ma chair par ce qu'elle me disait de ses souffrances. C'était insupportable. »

Les deux sœurs se ressemblaient beaucoup physiquement. Ce fut une autre complication. Elles entendaient sans cesse parler de cette similitude. « Ma sœur adorait ça, alors que ça me mettait hors de moi. À l'adolescence, on veut se distinguer, non ? »

Aujourd'hui, Séverine n'aspire qu'à une chose : le bonheur de sa sœur. Avec elle, elle se sent véritablement adulte. Elle a compris très tôt qu'elle est son seul véritable soutien. Un soutien qui lui pèse le plus souvent. « Ma sœur, c'est ma chair, un morceau de moi. Je suis fascinée par ces filles indifférentes qui ne sont pas affectées – ou si peu – par les problèmes de leur sœur. Et aussi par toutes celles qui ont réussi à éviter la jalousie. Elles sont très fortes. Car, quoi qu'on dise, une sœur est une concurrente, même si ce n'est pas très joli à entendre. »

Les crises

On grandit. On est des femmes. On est indépendantes. Expérimentées. Forcément moins hystériques. Plus modérées. Plus paisibles. C'est bien ce qu'on dit, non ? Alors je crois que ma sœur et moi, on n'est pas normales. On est des nerveuses. Des vraies. De celles qui s'agacent vite. L'âge n'a pas changé grand-chose à notre mode de fonctionnement. Pour être tout à fait honnête, et sans vouloir minimiser mes capacités, ma sœur est quand même championne toutes catégories de l'engueulade. Avec nos parents, c'est normal. Avec ses copines, c'est pénible. Avec moi, c'est… souvent. La maturité aidant, elle se contient un peu plus longtemps qu'avant. On n'en vient plus aux mains, même si ça nous démange. J'essaie le plus souvent d'éviter le pire mais je suis vaincue par son entêtement. Et c'est la crise. Pendant deux jours, on ne se parle plus. Pas de coups de fil, pas de rendez-vous. Rien. Pour tout dire, ça ne m'arrange pas : j'ai toujours une question à lui poser, un truc à lui dire. Voilà longtemps que j'ai compris que l'un de ses défauts majeurs est l'orgueil. Un orgueil comme on en voit peu : indestructible. Alors je mets le mien dans ma poche et je fais le premier pas. Je l'appelle, mine de rien, elle me répond, mine de rien. Et c'est reparti. Les crises surviennent souvent pour les mêmes raisons. Souvenez-vous du « tu es belle, je suis intelligente » et vice-versa. Nous n'avons pas beaucoup changé depuis nos dix ans. Si elle aime que je vive dans un milieu professionnel plus «intellectuel» que le sien, si elle admire, je crois, ce que je fais ou ce que je veux faire, elle pense sans doute que je méprise son boulot, donc sa personne. Ai-je fait une seule fois allusion à ça? Jamais, me semble-t-il, puisque je ne méprise sûrement pas ce qu'elle est, ni ce qu'elle fait. Je croise pourtant son regard qui en dit long. Qui dit en tout cas : «Comme tu es brillante! Comme tu me prends pour une abrutie!» D'autres fois, elle contemple avec assiduité mon vieux pull un peu fané mais si confortable. «Tu as remarqué que ton col roulé a feutré? Il va falloir jeter ce truc un de ces quatre, non?» Là c'est moi qui explose et qui m'excuse platement de ne pas rester plantée deux heures devant mon miroir.

Les autres points de départ de nos crises interplanétaires sont, comme de bien entendu, ses angoisses à mon égard. Nous avions décidé avec deux copines de partir pour Israël, pays sublime qu'aucune de nous n'avait jamais visité. Connaissant l'énergumène, j'ai hésité longtemps avant de lui avouer notre destination. Et, quand enfin je m'y suis résolue, sa réponse fut brève mais définitive : « Si ça ne te dérange pas d'aller dans un pays en guerre… » J'ai eu beau lui expliquer que beaucoup de touristes partaient là-bas, que chaque jour, dans le métro, des publicités incitaient les passagers à s'y rendre, rien n'y a fait. « Mais personne ne veut y aller tellement ça fait peur, tu fais exprès pour m'emmerder ou quoi ? » Je suis partie quand même, sachant qu'elle devait regarder chaque soir le journal de 20 heures avec nervosité. Je n'essaie plus de la convaincre que je ne suis pas en sucre, mais je me jure bien qu'un jour j'escaladerai l'Everest ou n'importe quelle montagne bien risquée, histoire de l'affoler pour une bonne raison.

Ma sœur, donc, panique pour moi en général et pour ma petite santé mentale en particulier. À tel point que j'ai décidé, après une conversation téléphonique de deux heures avec elle, de ne plus jamais me plaindre. Elle m'avait avoué que m'entendre râler contre mon boulot, mon compte en banque, mon rhume, mes amis, mes amours, mes emmerdes la rendait dingue, voire malade. Je crois sincèrement que je fatigue ma sœur. S'inquiéter sans cesse, c'est crevant. Je me suis promis de me corriger. Faut bien qu'elle se détende.

Et puis un jour la vraie crise est arrivée. La cause ? Impossible de me la rappeler. Je l'ai questionnée récemment : « Tu sais pourquoi on s'est brouillées il y a quelques années ? » Elle ne s'en souvenait pas, mais alors pas du tout. Pourtant, cette dispute, dans mon esprit, avait été violente. Je la vois confusément descendre brutalement de ma voiture et remonter, seule, une avenue déserte un dimanche après-midi glacial. Qu'avais-je dit? Un mot de trop, une peccadille, un rien sûrement. Une accumulation de petites choses sans doute. Je ne l'ai pas revue pendant deux mois, trois jours et neuf heures. Un siècle. Elle me l'a demandé. Elle m'a appelée et m'a expliqué qu'elle préférait qu'on ne se parle pas pendant quelque temps. Elle a dit ça très calmement, avec une voix que je ne lui connaissais pas. J'ai compris qu'il n'y avait rien à faire. Jamais je n'ai su ce qu'elle avait ressenti pendant cet intermède. Si elle en avait souffert, si je lui avais manqué. Je ne l'ai jamais su car je n'ai jamais osé le lui demander. Elle doit se douter que ce fut une période douloureuse dans ma vie. Je n'aime pas beaucoup y repenser. Ça me fait l'effet d'un grand vide, d'un moment pas marrant du tout. Un chagrin immense. Mais il faut bien y réfléchir. Je me suis posé mille questions et je n'ai trouvé qu'une réponse. Elle avait besoin de mon absence pour se créer son espace, penser à elle, souffler.

Pendant ces deux mois, elle n'a pas perdu son temps et a même gagné un homme. Je ne dis pas que j'aurais pu gêner sa vie sen-timentale – Mon Dieu! Quelle horreur! –, seulement qu'elle avait besoin d'être seule, complètement seule, pour la savourer. Je sais maintenant que cette période a été bénéfique pour elle. Pendant tout ce temps, elle parlait de moi à ses amis – qui me le rapportaient – très naturellement. Ne fai-sant jamais allusion à cette brouille, vantant comme toujours mes mérites. Ces amis-là détestaient cette situation. Ils devaient ten-ter de la raisonner mais c'était bien mal la connaître. Têtue toujours. Quant à moi, je leur demandais de ne me parler de rien car je sanglotais dès qu'ils prononçaient son prénom. L'orgueilleuse et la pleurnicheuse : décidément, le temps ne fait rien à l'affaire. Un jour, je l'ai croisée dans la rue par hasard et mon cœur s'est mis à battre très fort. À quoi devais-je m'attendre ? J'ai pensé qu'elle se jetterait dans mes bras en pleurant bien sûr, mais ce n'est pas du tout ce qui s'est passé. Elle était avec une amie et s'est à peine arrêtée : souriante, naturelle, elle m'a juste demandé des nouvelles avant de s'éloigner, comme si de rien n'était. Je ne peux que m'incliner devant son extraordinaire capacité à aller au bout de ses décisions. C'est elle qui tenait les rênes, c'est elle qui décréterait quand la vie reprendrait son cours. Quand nous redeviendrions des sœurs. Une seule fois, elle m'a téléphoné : je partais en voyage, elle n'a pas résisté. Elle voulait juste me dire qu'elle était contente pour moi et que j'allais adorer ce pays qu'elle connaissait déjà. En raccrochant, j'étais abasourdie par ce coup de fil inattendu. Et puis, eurêka, j'ai compris : je partais pour l'aéroport. Elle s'était dit, évidemment, qu'un avion ça peut s'écraser et qu'il fallait peut-être se parler avant. On ne sait jamais.

Rétrospectivement, je comprends qu'elle ait provoqué cette rupture. Celle-ci l'a enrichie, et pas seulement parce qu'elle a rencontré l'âme sœur – quelle expression ! –, sans doute aussi s'est-elle libérée de ce qu'elle croit être mon regard sur elle. Un regard pas tendre, devait-elle se dire. Moi qui ai tellement de mal à porter un jugement réaliste sur elle. Tiens, ça m'énerve rien que d'y penser. Et me donne envie de lui faire la gueule moi aussi. Juste pour voir comment ça fait.

Ma sœur me reproche de ne pas lui raconter ma vie amoureuse. Non pas qu'il y ait tellement de choses à en dire. Je sais qu'elle a un besoin viscéral que je me confie à elle. Et je fais un blocage. Lui relater mes histoires d'amour me met atrocement mal à l'aise. Je lui ai répété cent fois que ce silence n'était pas un manque de confiance. Elle est une tombe et me l'a prouvé cent fois. Mon mutisme provoque chez elle un énervement discret. Je m'explique : elle est furieuse mais me fait croire qu'elle ne l'est pas. Dois-je lui rappeler que je la connais mieux que moi-même ? Il est arrivé qu'une amie raconte à une amie qui l'a raconté à sa cousine qui connaît bien ma sœur un épisode de ma vie sentimentale dont elle n'avait évidemment jamais entendu parler. Elle ne m'en a rien dit et a fait mine de ne rien savoir. Or, je savais qu'elle savait, et, vous me suivez, elle ne savait pas que je savais qu'elle savait. On se croirait dans un épisode de *Friends* ou dans une pièce de Feydeau. Je me doutais bien qu'elle était triste de cette situation. Alors, bonne fille, je l'ai appelée. On a engagé une conversation très calme qui a mal tourné. Crise. De larmes pour moi, comme d'habitude. De rage pour elle, comme d'habitude. Ses reproches sont bien sûr fondés. Pourquoi n'y aurait-il pas d'échanges sur ce sujet ? Pourquoi serait-elle la seule à se confier ? La réponse est simple : je suis aussi pudique avec elle que je le suis avec mes parents. Impossible de lui dire que je suis amoureuse, j'aurais l'impression de lui raconter ma vie sexuelle dans le détail. Le cauchemar.

Être quelquefois distante est aussi un moyen d'affirmer mon indépendance, d'avoir une vie « parallèle », sans elle, sans ma famille. Mais je sens bien que cela ne va pas pouvoir durer longtemps. Je vais devoir lui faire plaisir. Me détendre, souffler un bon coup, prendre mon téléphone quand mon cœur battra un peu plus vite que de coutume. Elle sera au courant. La première. Avant mes copines. Enfin, on verra…

*

J'ai rarement vu deux sœurs aussi différentes. Avec l'âge, leur relation se teinte de plus en plus souvent d'incompréhension. Florence a de nombreuses années de moins que sa sœur et leurs personnalités sont à des années-lumière. « J'étais une petite fille hyper protégée, et c'est comme si elle ne me l'avait pas pardonné. » Récemment, Florence a eu cette impression désagréable que sa sœur lui en voulait d'être née après elle. « Comme si cela avait été une chance pour moi. Comme si tout avait été tellement plus simple puisqu'à ma naissance mes parents étaient plus disponibles, avaient une vie plus facile.» Cette théorie paraît absurde à Florence et crée une tension qui lui pèse et lui fait mal. Pourtant, pendant des années, les deux sœurs étaient unies, très proches, même si, par la force des choses, leurs vies étaient complètement différentes. Lorsque l'une était encore à la maternelle, l'autre avait déjà quitté la maison. «Tout ce qu'elle entreprenait me paraissait incroyable, elle était déjà si indépendante. Pour la petite fille que j'étais, ma sœur appartenait à un monde lointain mais qui, évidemment, était cent fois plus séduisant que le mien.» En devenant adulte, Florence prend conscience que la vie de rêve de sa sœur ne l'est peut-être pas autant que ça. Elles prennent même des chemins radicalement opposés. «Elle faisait un peu n'importe quoi et je le sup-portais mal.» Jusqu'à la crise : «Un jour de tension, j'ai osé lui dire que je n'aimais ni ce qu'elle devenait ni ses choix. J'en ai pris pour mon grade. » Sa sœur lui a alors tout déballé : petite fille gâtée, mal élevée, sale gosse, intolérante. Florence perçoit, au-delà des mots, un extrême ressentiment : « Une aigreur qui la rendait méchante. » Elles ne se sont plus parlé pendant des semaines et Florence en a énormément souffert, se remémorant en boucle ces mots qu'elle n'attendait pas. Puis, elles ont fait semblant d'oublier tout ça. Florence a laissé passer un peu de temps avant de revenir à la charge. Délicatement. « Mais j'ai eu peur de lui dire ce que je pensais vraiment. Peur de lui avouer qu'elle ne pouvait pas continuer à vivre comme ça. Encore aujourd'hui, ça me paraît insurmontable d'avouer mes sentiments et de la faire souffrir. Je ne veux en aucune façon la rendre malheureuse. Alors j'y vais pas à pas. » Car Florence aime que les choses soient dites, certaine qu'une vraie explication pourrait résoudre des nœuds très anciens. Depuis quelque temps, elle va voir un psy qui l'aide à comprendre sa situation vis-à-vis de sa sœur et de sa famille. « Je lui ai dit l'autre jour que je voulais avoir une relation sereine avec elle. Une relation comment ? m'a-t-il dit. Sereine. Ah ! Sœur-Haine ! Ça m'a fait beaucoup rire même si je ne suis pas folle des lapsus lacaniens ! » C'est plus fort qu'elle, Florence se sent concernée par la destinée de sa sœur. Au point d'en parler beaucoup à son psy. « Il trouve que je suis trop encombrée par ma relation avec ma famille en général et avec celle de ma sœur en particulier. Il faut vivre pour moi. J'essaie, mais j'ai du mal. Finalement, je veux protéger ma sœur de ce que je crois être néfaste pour elle. Mais en ai-je seulement le droit ? La situation est inversée : je me sens la grande sœur de ma grande sœur. Je ne suis pas sûre d'aimer tellement ça. »

*

C'étaient des sœurs unies. Des sœurs complices qui partageaient beaucoup. Et puis la vie semble les avoir séparées. C'est en tout cas un moment difficile entre elles. Marie et Pauline ne se voient presque plus. C'est Marie, l'aînée, qui me donne sa version des faits. « Bien sûr, Pauline raconterait les choses autrement, j'en ai bien conscience. »

La première fois qu'elle a senti qu'elle prenait un chemin différent de Pauline, c'est à la naissance de ses enfants. Marie a un emploi du temps forcément beaucoup plus cadré tandis que Pauline mène une vie de jeune fille, sort beaucoup, est insouciante. « Mais nous avions gardé quelque chose en commun : nos rêves de petites filles. Pour moi, devenir avocate, pour elle, être danseuse. Nous n'avions pas renoncé à faire de ces disciplines notre métier. » Et puis, Marie, après de brillantes études, fait stage sur stage et sa carrière s'envole. Pauline stagne. Des petits boulots par-ci, par-là, rien de bien sérieux. Marie tente de l'aider, essaie de lui trouver des castings, se bat pour elle parce qu'elle y croit. « Ma sœur ne pouvait avoir que du talent, je ne remettais pas en question le fait qu'elle soit une danseuse super douée. Je n'étais sans doute pas assez lucide. » Quelque temps plus tard, Pauline épouse un homme qui connaît bien le milieu artistique. Après des années où il ne se passe rien dans sa carrière, ce garçon commence à avoir de sérieux doutes sur la passion de sa femme qui ne mène pas à grand-chose et se confie à Marie : et si la carrière de sa sœur n'était qu'une utopie ? Au lieu de prendre sa défense bec et ongles, comme elle avait coutume de le faire, Marie se demande si son beau-frère n'a pas raison, s'il ne faudrait pas que Pauline abandonne son rêve pour quelque chose de plus concret. Une formation peut-être, un boulot à mi-temps ? Lorsqu'elle explique à sa sœur sa façon de voir les choses, c'est le drame. Pauline parle de trahison, lui reproche de ne pas croire en elle, se sent même agressée. « Ce qui a tout changé, c'est qu'alors que je ne m'étais jamais sentie une âme d'aînée, je prenais enfin ce rôle, je tentais de la diriger, de la protéger en fait, et elle ne l'a pas supporté. Et puis ma réussite professionnelle rendait la situation très difficile. C'était si simple pour moi de lui dire d'arrêter de fantasmer alors que j'avais, moi, réalisé mon rêve. » Peu à peu, Marie se met à regarder sa sœur autrement, comme quelqu'un de futile, d'inconséquent, qui ne va jamais au bout de ce qu'elle entreprend : « Bien sûr je la jugeais, mais je ne pouvais pas faire autrement. Ce que j'avais, moi, je m'étais battue pour l'obtenir. Pauline pleurait de ne pas réussir mais ne faisait rien pour que ça marche. C'est terrible mais elle commençait à me taper sur le système et, bien sûr, elle l'a senti. Jusqu'au jour où, au téléphone, on a parlé de choses qui fâchent : de nos parents qui ne roulent pas sur l'or, et qui lui donnaient de l'argent pour qu'elle parte en vacances par exemple, de mon envie qu'elle trouve un job, de son insouciance inquiétante à son âge. » Pauline a éclaté, l'a insultée et lui a raccroché au nez. Une incompréhension totale qui blesse atrocement les deux sœurs. Depuis, elles ne se voient presque plus. Se rencontrent aux fêtes de famille, parlent du temps qu'il fait, comme deux étrangères. Marie n'a plus eu le courage de s'expliquer : « Il faut une sacrée énergie pour répéter sans cesse les mêmes choses en sachant qu'on ne se fait pas comprendre. Pourquoi croit-elle que je lui dis ça? Pour lui faire du mal? C'est tout le contraire, je voulais, moi, qu'elle réussisse. Ça n'a pas fonctionné, alors il faut tourner la page. Mais à quoi bon trouver des arguments puisque cela ne sert à rien, si ce n'est à me faire engueuler. J'ai décidé de laisser tomber.» Marie a finalement beaucoup réfléchi et croit avoir compris une chose. Leurs parents ont toujours été plus exigeants avec elle qu'avec Pauline. Marie a toujours beaucoup travaillé et il ne lui serait pas venu à l'esprit de laisser tomber. Sa sœur, elle, abandonnait vite ses petits jobs avec l'assentiment de ses parents. Elle était la plus fragile à leurs yeux, Marie était, elle, la solide. Pauline ne prend pas la vie au sérieux et il lui arrive de l'envier pour ça. «Mais il y a un moment où l'on devient adulte, où on ne peut plus compter que sur les autres. Malgré ce lien qui nous unit, et ce lien existe évidemment, je suis en train de me demander si le mieux ne serait pas de couper complètement les ponts. Je n'aurais jamais cru formuler un jour une chose pareille. Mais c'est peut-être la seule solution. »

Les parents

Les chefs d'État de tous les pays du monde devraient venir faire un stage dans ma famille. Car chez nous, règle numéro un : faire régner, quoi qu'il arrive, l'égalité et la justice. Aussi loin que je me souvienne, mes parents n'ont jamais donné davantage à l'une qu'à l'autre. À croire qu'ils ne pensent qu'à ça. On ne gâte pas plus l'aînée que la cadette, sinon le ciel leur tomberait direc-tement sur la tête. À Noël, c'est la panique. Ma mère m'appelle terrifiée. Elle a compté et recompté et il faut se rendre à l'évidence :

elle a acheté plus de cadeaux pour moi, et, par voie de conséquence, pas assez pour ma sœur. Je dois sur-le-champ me précipiter au Bon Marché. Pour acheter quoi ? N'importe quoi. Simplement pour qu'il n'y ait pas de jalouses. Depuis de longues années, nous expliquons à nos parents que nous sommes devenues de grandes filles. Qu'on se fout totalement de connaître le nombre de nos cadeaux respectifs : rien n'y fait.

Ma mère, qui n'a qu'une sœur, a été élevée comme ça. Elle reproduit. C'est quand même mieux qu'être la fille d'une enfant battue. Il paraît qu'on reproduit aussi. Cette égalité à toute épreuve, ce sens de la justice exacerbé s'incarnent en priorité dans l'amour immodéré qu'elle nous porte. Un amour que nous lisons simplement dans ses yeux quand nous croisons son regard : ma sœur et moi sommes tout à fait exceptionnelles, et l'une et l'autre. Surtout pas l'une plus que l'autre. Lorsqu'il nous arrive de passer la voir avant un dîner, on s'amuse toujours à lui demander ce qu'elle pense de notre tenue et de notre coiffure. La réponse fuse, on la connaît par cœur puisque c'est la même depuis toujours : « De toute façon, vous serez toujours les plus élégantes. » Franchement, on ne s'en lasse pas.

Nous sommes aussi égales dans nos engueulades avec elle. Ses réflexions peu amènes sont destinées le plus souvent à ses deux enfants, « les filles », comme elle dit. Les filles, donc, lui procurent joie et angoisse, satisfaction et irritation. Hier, elle disait aux filles d'arrêter de se disputer, aux filles d'éteindre la télé, aux filles d'aller se coucher. Très vite, nous nous sommes, ma sœur et moi, rebiffées contre cette inévitable association. Marre de ne former qu'un groupe indistinct. Aujourd'hui encore, lorsqu'elle a des mots avec ma sœur, j'entends le fameux « les filles me fatiguent ». Insupportable.

J'accuse souvent ma sœur de se comporter coûte que coûte en aînée. Je suis injuste, que peut-elle y faire, elle a été éduquée comme ça. Héritage familial : ma mère était la cadette et je me souviens très bien de l'attitude de mes grands-parents vis-à-vis d'elle. Ils la protégeaient et préféraient s'appuyer sur ma tante, l'aînée.

Depuis toujours, ma mère, consciemment ou pas, considère ma sœur comme « la grande ». Celle sur laquelle on peut s'épancher en cas de problème. Je suis donc celle à qui on ne dit pas tout. Ma mère évite de m'encombrer avec les petits aléas de la vie, préférant s'en prendre à ma sœur. Au fil du temps – et avec mon grand âge ! – ce comportement des plus étranges a peu évolué. Il n'est pas rare que je surprenne ma chère maman se comporter avec moi comme avec une enfant. Il y a quelques années, en vacances, alors que je l'avertissais que je dînais avec ma sœur et mes cousins, elle m'a lancé, avec un naturel déconcertant : «Ah! Tu dînes avec les grands?» Alors que je lui demandais de me regarder droit dans les yeux afin qu'elle constate par elle-même que j'avais plus de trente-cinq ans, elle éclata de rire. Elle s'est excusée de cette réaction complètement saugrenue mais ajouta qu'elle avait du mal à m'imaginer adulte. Ma sœur l'est, adulte. Depuis longtemps. Pour ma mère je n'ai pas encore franchi le cap. Cette surprotection, car c'en est une bien sûr, a ses avantages et ses inconvénients. Soyons honnête, il n'est pas désagréable de se sentir soutenue par sa famille. J'assume mon rôle de cadette avec fatalité, et, je l'avoue, avec facilité. Quand on n'a pas d'enfants, on reste toujours un peu la petite fille de son papa et de sa maman : c'est pitoyable, je vous l'accorde.

J'ai dû lutter pour être indépendante, en tout cas moins dépendante de ma sœur. J'y arrive le plus souvent, sauf que là, au moment où j'écris ces quelques lignes, il faut que je lui téléphone. Je ne me souviens plus de la marque du fond de teint qui me va bien. Il n'y a qu'elle qui s'en souvienne.

Dans ma vie sociale, j'ai dû, sans doute plus qu'une autre, m'affirmer sans cet inaltérable soutien. Je n'étais pas armée et je fus bien des fois découragée. On ne devient pas une fille autonome, sûre de soi et téméraire du jour au lendemain. Peu à peu, en grande partie grâce à mes expériences professionnelles, je suis sortie de l'enfance, de ce cocon un peu trop douillet. J'ai longtemps « ramé » pour faire croire à tous que je savais où j'allais, à un âge où la grande majorité des filles tracent leur chemin depuis longtemps. Mais je suis bien certaine d'une chose : être autant aimée par mes parents, par ma sœur, est un avantage immense. Alors, tant pis si j'ai mis un peu plus de temps à trouver ma voie, un peu plus de temps à me débrouiller par moi-même.

*

Théa le clame haut et fort : elle est l'aînée de quelques années mais ne s'est jamais sentie « l'âme d'une grande sœur ». Axelle et elle ont toujours été élevées comme deux filles du même âge, presque comme des jumelles. Dans les faits, et si elle y réfléchit quelques secondes, c'est vrai qu'il y a une petite différence : « Ma mère m'incite à protéger ma sœur. Elle croit sans doute qu'elle est plus fragile mais pas uniquement parce qu'elle est plus jeune. » Avec leurs parents, elles ont toutes deux une grande complicité. Mais pas la même. Chaque jour, Théa se reconnaît dans son père : « On se ressemble physiquement et on est du genre bourru. » Axelle lui fait sans cesse penser à sa mère : « Comme maman, elle est tendre, affectueuse et belle. C'est son sosie. » Théa se sent bien incapable de prendre sa mère dans ses bras pour un oui ou pour un non, alors que sa sœur le fait sans même y penser. Ce qui, en revanche, les unit, c'est leur infaillible solidarité face à leurs parents : « Si ma mère a un problème, j'en parle à Axelle. Et c'est ensemble que nous la raisonnons pour l'aider ou même pour l'engueuler ! »

Théa pense être la seule à comprendre Axelle en cas de conflit. Et des conflits, il y en a eu. Sa sœur s'est mariée très jeune. Rapidement le couple part à vau-l'eau. « Je l'ai deviné tout de suite même si Axelle a tout fait pour le cacher. » Les parents n'ont pas compris le choix de leur fille à l'annonce du divorce qui a provoqué un séisme. « Dieu sait pourtant comme j'aimais son mari. Il était devenu très proche de moi, comme un frère. Mais il fallait avant tout soutenir Axelle qui se débattait avec son chagrin et avec nos parents. Cela faisait beaucoup. » Théa a dû expliquer en détail à son père comme à sa mère les raisons de cette séparation, et surtout le mal-être de sa sœur : « J'étais intarissable, une véritable avocate. » C'est finalement grâce à elle que la situation s'est apaisée.

À la naissance de son premier enfant, Théa avoue avoir été jalouse de tout ce qu'elle ne pouvait plus faire avec sa sœur, d'une certaine complicité qu'elle croyait naître entre sa mère et Axelle. Comme si elle était exclue. Passer ses vacances avec ses parents et sa sœur lui devenait insupportable. « Ces moments en famille devaient réveiller des souvenirs d'enfance. Sauf que tout avait changé. J'étais très fragile. Je vivais quelques jours avec les êtres que j'aimais le plus au monde et j'étais malheureuse. » Enceinte, elle espérait reproduire, « inconsciemment », se dépêche-t-elle d'ajouter, ce qu'elle avait vécu avec sa sœur : « J'étais certaine d'avoir deux filles qui, bien entendu, s'entendraient aussi bien que nous. » Patatras ! Elle a eu un fils suivi bientôt d'un autre, « exactement de la même différence d'âge qu'Axelle et moi, comme par hasard ». C'est la seule similitude et les deux petits garçons n'ont pas grand-chose à voir avec leur mère et leur tante. « Tant mieux, ils s'entendent bien, mais pas comme nous. Chacun mène sa petite vie de son côté. » Les deux sœurs sont à présent deux mères. Même si Axelle aime passionné-ment les enfants de sa sœur, elle ne s'en est jamais vraiment occupée. Et Théa consacre relativement peu de temps à son neveu : « C'est pourtant comme mon fils. Ma propre chair. » En tout cas, au même titre que ses enfants, il est le petit-fils de ses parents. Un lieu unique et éternel.

*

Mon père rit dès qu'il voit ses filles. On se demande parfois si on a de l'encre sur le front, si on est coiffées de travers ou si on a simplement une drôle de tête. Quand je lui demande pourquoi on le fait rigoler, il répond qu'il est simplement heureux de nous voir. Il ne s'en lasse pas. Nous non plus, puisque tout le monde le sait, nous sommes, ma sœur et moi, amoureuses de lui. Tout le monde le sait puisque tout le monde nous le dit. Et surtout ma mère qui en a franche-ment marre. Toutes petites, on trépignait sur le seuil de la porte, attendant impatiemment qu'il rentre du bureau. Nous étions éner-vées : que faisait donc « notre héros au sou-rire si doux », comme il ne déteste pas qu'on le surnomme. Dès qu'il mettait un pied dans l'appartement, c'était à celle qui l'embrasserait la première. À présent, le simple fait de le voir nous détend, nous apaise, nous met en joie. Il nous dit que la fatalité a fait de lui un homme à femmes. Il a été élevé par sa mère, sa grand-mère et ses sœurs – il en a trois – et n'a eu que des filles. Il veut nous faire croire que c'est pas de bol, que c'est souvent pénible, mais nous, on sait bien qu'il nous baratine. Il adore ça.

Aujourd'hui comme hier, nous tentons de savoir laquelle des deux a sa préférence. En vain. J'ai déjà dit que, chez nous, le maître mot c'est « égalité ». Un jour, agacé sans doute par notre harcèlement à ce sujet, il nous a déclaré, lui qui n'est pas très porté sur les déclarations, que son cœur était divisé en deux parts égales. Fin de la discussion.

Nous avons avec lui des conversations très différentes. Ma sœur, appelée également

« Docteur en chef » ou « Professeur » dans la famille, s'occupe d'abord de sa petite santé. Et si soudain sa voix se fait plus rauque, elle lui indiquera dans l'instant quantité de médicaments aux noms barbares mais très efficaces à prendre sur-le-champ. Deux le matin, deux le soir. Si le mal perdure, pensez à consulter au plus vite. Angoissée comme toujours. Avec moi, nous parlons plutôt boulot puisque nous évoluons dans le même univers professionnel. J'aime qu'on côtoie les mêmes gens, qu'on rie des mêmes anecdotes. Atavisme ? J'ai beaucoup de goûts communs avec mon père. Il m'a énormément appris sur les livres et la peinture car il en connaît un rayon. On en discute ces fameux dimanches de la rue Gounod et, immanquablement, ma sœur soupire : « De qui parlez-vous encore ? C'est qui cet écrivain ? » Elle n'attend pas la réponse et tente de détourner notre conversation. Faudrait voir à parler d'autre chose. Ou bien, au choix, elle part en claquant la porte. Ça, elle sait faire. Un de ses fiancés m'a raconté qu'elle lui en avait fracassé tellement que ça lui avait coûté une petite fortune en menuiserie.

En voyage l'autre jour, je n'ai pas pu me rendre chez lui comme tous les dimanches. Il était seul avec elle. J'ai su plus tard qu'ils avaient passé un moment formidable. Qu'ils avaient beaucoup ri, beaucoup parlé aussi de leur vie, du passé, de l'avenir surtout. Ma sœur en avait l'air émue. Vraiment. J'ai pensé soudain que je prenais beaucoup trop de place dans cette relation père-filles. Et qu'il fallait sans doute que je sache parfois me taire. Laisser un peu d'espace à cette sœur qui m'a avoué : « J'ai toujours peur de vous ennuyer avec mes histoires. » J'en ai pris acte, un peu gênée, et me suis juré de la fermer plus souvent.

Mais, dans l'ensemble, on parle beaucoup à nos parents. Ils ont réussi cette chose extraordinaire : leurs filles ont toujours un truc à leur dire, toujours envie de leur raconter leur vie. Pas la vie intime bien sûr, c'est pas notre genre. Plutôt notre quotidien. Ils font semblant de trouver ça passionnant. Peut-être même que ça les intéresse pour de bon. Allez savoir…

*

Ma sœur a idéalisé nos parents. Parfois même, c'est un peu la honte. C'est d'ailleurs la blague de tous nos copains : «Alors vos parents, racontez les filles, comment ça va…» C'est vrai, on parle beaucoup d'eux, ce qui est consternant. Je fais ça un peu moins souvent maintenant mais je m'applique. Ma sœur déteste quand je lui dis que ça frise le ridicule. Je lui rappelle qu'on a eu de mauvais souvenirs avec eux aussi. Que ce n'était pas tous les jours *La Petite Maison dans la prairie.* Et m'en veut à mort quand je lui donne deux, trois exemples. D'un geste agacé, elle envoie balader les moments difficiles en m'invitant sèchement à me taire. Elle dit toujours qu'on a eu une chance folle et que ce ne sont pas ces quelques petites ombres dans nos vies qui sont importantes. Elle me croit rancunière et négative. J'essaie juste d'être objective. Mais il faut se rendre à l'évidence, et notre entourage nous le répète souvent, avec nos parents, on a touché le gros lot.

Pourtant, il arrive à ma sœur d'être réaliste. En tout cas pas béni-oui-oui. Car je ne suis pas la seule à la mettre dans un état avancé d'exaspération. Mes parents peuvent être ses victimes. C'est dans ces moments-là que la solidarité entre sœurs fonctionne à fond. Qui peut m'avouer être horripilée par nos parents ? Qui peut me dire : « Papa fait la gueule ou quoi ? », « J'ai raccroché au nez de maman, je n'en pouvais plus » ? Personne d'autre que ma sœur, évidemment. Car celui qui prend le risque de dire un mot, un seul mot désagréable sur mon père ou sur ma mère s'en souviendra longtemps. C'est vrai qu'il est jouissif de se plaindre de ses géniteurs et de sentir en face de soi une totale compréhension. Chaque fois que je ne peux plus supporter mes parents et que je veux le faire savoir, je bénis le ciel de ne pas être fille unique.

Les hommes

N'importe quel homme un tant soit peu amoureux de moi aurait ses faveurs. J'ai déjà dit que ma sœur aime qu'on m'aime. S'il m'arrivait de rencontrer l'homme de mes rêves, elle vivrait, enfin, dans un état de plénitude totale. J'ai déjà présenté à ma sœur des hommes qui incarnaient tout ce qu'elle détestait : intellos, mal sapés, mal élevés ou pas très aimables. Elle les a adorés ! Tout, elle supportera tout. Pourvu que je sois heureuse. Et tant pis pour ses relations avec eux. Elle verra plus tard. C'est après, quand l'histoire est finie, qu'elle ose m'avouer ses réticences. Son soulagement, devrais-je dire, puisqu'au fond elle ne se voyait pas partager avec eux les déjeuners de famille. Elle attend patiemment que je trouve le bon et, sans doute, ne le lâchera pas. L'élu de mon cœur sera vénéré par ma sœur.

J'exagère, je caricature. Je ne devrais peut-être pas me moquer puisque c'est exactement ce qui m'est arrivé quand ma sœur a rencontré l'homme de sa vie. Ce garçon ne sait sans doute pas que les innombrables cheveux blancs qui parsèment ma crinière – et qui me coûtent si cher à camoufler par des professionnels – prolifèrent moins depuis qu'elle l'a rencontré. Que mes nuits sont plus douces et mon humeur plus aimable. Et oui, finalement, moi aussi j'étais terriblement angoissée par le destin de cette sœur qui ne trouvait pas chaussure à son pied. Je sais gré à cet homme de la rendre si heureuse, tellement même que ma vie en a été bouleversée. Tout n'a pas été aussi simple. Ma relation avec lui a connu plusieurs étapes. D'abord l'admiration, puis l'irritation, enfin la connivence.

Quand on me l'a présenté, j'ai vite compris qu'il se tramait quelque chose. Ma sœur était étrangement gaie et distante en sa présence. Ça ressemblait à une histoire d'amour. Car, si ma sœur est rayonnante quand elle est amoureuse, elle est aussi d'une pudeur extrême. La nouvelle de cet hymen s'est propagée comme une traînée de poudre. Je l'ai raconté à tout le monde. Ce type, que je connaissais à peine, était l'homme idéal. J'en persuadais les autres, sans me rendre compte que c'est moi que je voulais convaincre. Ma sœur ne pouvait pas s'être trompée. Alors, j'ai fatigué mes copines avec mes dithyrambes sur ce nouveau venu. Tant et tant que certaines ont dû le détester avant même de le connaître. Et m'ont avoué que j'en faisais des tonnes. Il faut dire qu'il avait beaucoup de choses pour lui. Malin, il a vite compris qu'il vaudrait mieux qu'on devienne copains. J'étais de toute façon acquise à sa cause.

Entre ma sœur et lui, tout s'est passé très vite. Appartement commun, compte commun. Vie commune en somme. En à peine quelques semaines, ma sœur et lui ont formé un vrai couple. Quelques semaines, ce devait être trop court pour moi, trop court pour m'y faire. Sauf que, bien sûr, je n'avais rien à dire. Alors je n'ai rien dit, j'ai simplement fait la gueule. Avec le recul, j'ai tenté d'analyser le problème. Ce n'était ni de la jalousie ni une histoire de rivalité. De ça, j'en étais sûre. Mais alors quoi?

Pendant des mois, je n'ai pas supporté leur relation. Ma sœur n'était plus une personne à part entière mais elle était deux. Plus jamais je n'entendais « je » dans sa bouche, mais «on». Constamment. Du jour où je me suis fait cette remarque, ça a tourné à l'obsession. Puis elle m'a dit «on a beaucoup aimé ce resto l'autre jour…» et j'ai craqué. Ma sœur ne pensait plus toute seule, et ce qui aurait dû m'attendrir devenait pour moi la fin du monde. Je m'aperçois à quel point j'étais ébranlée par ce changement radical. Une réaction tellement immature que je peine à y croire aujourd'hui. Plus ça allait, plus ils m'agaçaient. Je leur ai dit. Je leur ai fait du mal, évidemment. Lui pensait que je le détestais et semblait en être ennuyé. Je n'étais pas très fière de mon comportement mais c'est finalement à moi que je faisais le plus de mal. Et puis, tout a fini par rentrer dans l'ordre. J'ai repris mes esprits. Je me rendais compte que je n'avais plus été moi-même pendant cette période. Plutôt une de ces petites névrosées qu'on croise parfois et qu'on plaint. De celles qui jugent et qui condamnent, qui donnent leur avis sur un sujet qu'elles connaissent mal. La honte. Il fallait sans doute aussi s'habituer à la présence de ce nouveau venu. Et il me fallait du temps pour comprendre que plus rien ne serait comme avant. Ma sœur surtout a souffert de la situation. Comment pouvait-elle être heureuse si je refusais de partager son bonheur?

À présent, je sais que rien ne lui fait plus plaisir que de me savoir complice de son « chat ». Oui, c'est comme ça qu'elle l'appelle. J'ai mis du temps à m'y faire.

Bien sûr qu'il ne méritait pas ça. C'est un fils unique et il ne pouvait pas se douter qu'une sœur est quelquefois une teigne. Mon intrusion dans sa vie, autant que la sienne dans la mienne, a dû l'étonner. L'exaspérer serait le mot juste. Il ne s'est plaint à personne de cette mouche du coche et il a bien du mérite. Je le soupçonne d'avoir eu envie, un jour ou l'autre, de m'en coller une. Normal. Chacun sa croix. La sienne, c'est moi, ou plutôt, je l'espère bien, c'était moi. À présent, je l'appelle mon beau-frère, ce qui lui fait tout drôle. Mon mépris a fait place à une connivence teintée d'humour. Et quand ma sœur se lance dans un long discours sur les bienfaits du vaccin antigrippe ou sur les soldes avantageuses d'un magasin de « fringuasses », comme elle les appelle, on se regarde, un peu abattus. Des regards qui signifient tout simplement que, malgré ses petites manies, on ne pourrait pas se passer d'elle.

*

Comme je l'ai déjà dit, ma sœur et moi n'avons jamais été amoureuses du même homme. Enfin presque. Il y en a eu un. Et pas n'importe qui. Ce type-là avait les yeux bleus des mers du Sud, le sourire boudeur, le nez grec et la bouche gourmande. Il portait le jean comme personne et on sait, nous les filles, qu'un homme à qui le jean ne va pas, c'est mauvais signe. Nous l'avons connu en même temps et il fut notre premier émoi amoureux. On l'appelait Paulo et nous ne dissimulions même pas la passion qu'il inspirait à nos petits cœurs brisés. En le voyant, on soupirait d'extase. En s'endormant, on ne pensait qu'à lui. On en parlait beaucoup et ses innombrables photos recouvraient entièrement le papier peint de nos chambres respectives. Sauf une, que nous avions glissée dans notre portefeuille entre notre carte Orange et nos tickets de cantine. On contemplait son visage pendant les cours de maths et on se disait qu'on n'en aimerait pas d'autres. On passait quelques soirées avec lui et jamais, jamais, personne ne nous avait regardées comme ça. On aurait pu aller au bout du monde pour ses beaux yeux. On allait en tout cas à l'autre bout de Paris pour un rendez-vous à quatorze heures pétantes avec lui.

Un jour, la presse nous apprend qu'il aime la France et qu'il y vient parfois. On imagine la rencontre. Car nous ne l'avions jamais vu « pour de vrai ». Paul Newman n'achètera sans doute jamais sa baguette au coin de notre rue, on était amoureuses mais pas stupides. On fantasmait en silence sur une entrevue, même rapide, avec l'être chéri. On plaignait les pauvres idiotes qui se passionnaient pour Bobichon, *alias* Robert Redford – quelle confusion, quelle méprise – tout en se réjouissant d'avoir Paul Newman rien qu'à nous.

Aujourd'hui comme hier, ma sœur et moi parlons parfois de Paulo. On sait qu'il a une place à part dans notre panthéon des idoles. On peut encore se mettre très en colère si quelqu'un le dénigre devant nous. Nous dire, par exemple, qu'il n'était pas bien grand peut nous mettre hors de nous. En fouinant dans ma bibliothèque, j'ai retrouvé le livre. Sa biographie illustrée qu'on a feuilletée cent fois. On regarde les photos, on ne s'en remet toujours pas. Et on n'oubliera jamais d'appeler l'autre si *La Chatte sur un toit brûlant* repasse pour la trente-deuxième fois à la télévision.

Le plus bel acteur du monde – qu'on ne me dise pas le contraire – fut donc le seul homme que nous ayons aimé l'une et l'autre.

Il y a quelques années maintenant, ma sœur et moi étions dans ma voiture. Sur la place de la Concorde, son téléphone a sonné. C'était, comme souvent, l'homme de sa vie. Soudain, elle a pris un air consterné et ne répondait que par onomatopées. En raccrochant, elle m'a annoncé la mort de Paulo. Nous étions si tristes qu'on s'est arrêtées de parler. Une grande partie de notre enfance s'envolait avec lui. Et puis nous nous sommes remémoré les bons souvenirs, les films et les cahiers de texte remplis de photos… On s'est demandé si les plus jeunes se souviendraient de lui, si des petites filles pourraient, elles aussi, se languir d'amour pour notre Paulo. Sans doute pas, Justin Bieber a pris cette place convoitée. Misère.

Cette année le festival de Cannes a choisi d'utiliser une merveilleuse photo de Paul Newman et de sa femme Joanne Woodward pour illustrer leur affiche. Une photo que nous ne connaissions pas et qui nous a emballées. Paulo n'était donc pas tout à fait oublié. Des adolescentes se demanderont-elles qui est ce monsieur si beau ? Auront-elles la curiosité d'aller voir ses films ? Ne rêvons pas. Mais cette affiche nous a donné un petit coup de nostalgie. Un premier amour, même fantasmé, a la peau dure.

« C'est terrible, je sais bien, mais je déteste le mari de ma sœur. » Irène est un peu gênée de m'avouer ça. Elle sourit mais je comprends vite que c'est la première fois qu'elle s'exprime aussi clairement sur le sujet. Comme si le fait de le dire rendait la situation plus concrète. Tout a commencé il y a bien long-temps, lorsque sa sœur a rencontré ce garçon à l'âge de dix-sept ans. Il passe beaucoup de temps à la maison. Ce n'est pas très pratique : les deux sœurs partagent la même chambre. « Je dérangeais, il valait mieux pour tout le monde que j'aille voir ailleurs. » Ce fut sans doute son premier grief contre lui. Il y en a eu d'autres, comme cette manie de dénigrer tout ce qu'elle faisait, de la faire passer pour une gamine alors que dix-huit mois seu-lement séparent les deux sœurs. Son aînée ne la défend jamais, bien au contraire, elle abonderait plutôt dans le sens de son petit ami. Plus de connivences entre elles, plus de conversations, plus rien. «Je me raisonnais, mes copines me disaient que ma réaction était classique : ce mec te pique ta sœur et tu le supportes mal.» Au fond d'elle-même, Irène sent pourtant que c'est tout autre chose. Elle envisage d'en parler à sa sœur, puis renonce : «Elle n'aurait rien compris. Pire, elle m'en aurait voulu à mort. Le jour de leur mariage, puisque mariage il y a eu, je n'avais plus qu'à la fermer.» Sa sœur a l'air si resplendissante qu'Irène préfère cacher son amertume et faire semblant. «Semblant d'être heureuse, semblant de trouver cette union épatante. Et puis, tout marchait comme sur des roulettes. Je récupérais une chambre pour moi toute seule et ma sœur baignait dans le bonheur. Pourquoi me plaindre?»

Le couple s'installe près de l'appartement familial. Irène ne va pas lui rendre visite, peur de gêner sans doute, peur de cet acariâtre beau-frère. Parfois, elle croise sa sœur qui ne semble pas aussi épanouie que ça. Des enfants naissent, Irène les adore, essaie de s'en occuper, d'aider autant qu'elle le peut. Sa relation avec son beau-frère reste inexistante. « Un soir, on sonne à la porte. J'étais seule. C'était ma sœur, effondrée. J'ai eu droit à un récapitulatif détaillé de sa vie maritale. Ce n'était pas réjouissant. » Irène ne s'était donc pas trompée sur le mari de sa sœur. Froid et distant. Autant avec sa femme qu'avec ses enfants. Cruel aussi. À ce mot, Irène se lève d'un bond et veut courir chez « ce type abject qui maltraite moralement ma sœur ». Elle n'ira jamais. Sa sœur le lui interdit. La supplie de n'en parler à personne, ni à lui ni à leurs parents. « C'était la première fois depuis des années que je retrouvais une intimité avec elle, je me sentais utile et elle refusait mon aide. » Cette situation perdure depuis dix ans. Dans les fêtes de famille, Irène se pince pour ne pas affronter son beau-frère, pour ne pas exploser. Mais elle a juré de ne rien faire qui puisse nuire à la tranquillité toute relative de sa sœur. «Ma sœur souffre. Comment puis-je être totalement heureuse dans ces conditions?» Sans parler de ce sentiment de culpabilité qui l'assaille chaque fois qu'elle les voit ensemble. Aujourd'hui encore, elle est persuadée qu'elle aurait pu faire quelque chose, «la délivrer de cette emprise pitoyable, je suis sa sœur quand même. Et une sœur, ça sert aussi à ça, non?»

Irène s'est mariée à son tour. Elle a choisi son mari en toute connaissance de cause : «Je ne me serais jamais lancée dans une telle aventure aussi jeune, aussi immature. En refusant de s'ouvrir à moi une seconde fois quand j'ai tenté de lui parler de ses problèmes, ma sœur a cassé notre relation. Je lui en veux toujours de se laisser manipuler et de ne pas vouloir m'entendre. » Irène raconte ce « vrai drame » rageusement. Puis change de ton, elle est émue : « Je suis sûre que nos rapports auraient été tout autres si elle avait choisi un autre homme. Nous aurions réussi notre relation de sœurs. Nous avions plein de goûts communs, plein de secrets, plein de souvenirs aussi. Il a tout abîmé. »

Pour toute la vie

Pour lui dire bonjour, je lui serre la main. Elle n'aime pas beaucoup les embrassades. Les épanchements, les petits gestes d'affection, c'est pas vraiment son truc. Elle a pourtant toujours l'air contente de me voir car, même si elle ne me l'a bien sûr jamais dit, je crois qu'elle m'aime bien. Je pense que je l'amuse et rien ne me fait plus plaisir que de la voir rire quand je lui imite ma mère. Ma mère, c'est sa sœur. Deux sœurs très différentes, pas seulement physiquement mais aussi dans leur façon d'être, de penser, de vivre. Mais voilà, on en revient toujours à ce fameux lien tissé par les parents. Ma tante et ma mère ne peuvent se passer l'une de l'autre. Ça rigole, ça s'engueule, ça s'inquiète et, en vieillissant, les deux sœurs se titillent et s'affolent encore plus qu'avant. C'est aussi fatigant qu'attendrissant. Quand je les vois toutes les deux, clope au bec, jamais d'accord sur rien, je m'imagine avec ma sœur au même âge. Pas très difficile de se projeter !

Mes grands-parents adoraient leurs deux filles. Chacune avait son rôle : l'aînée, ma tante, prenait les décisions, la cadette, ma mère, choisissait la couleur du papier peint. Je caricature à peine. Je l'ai compris très jeune et rien de tout ça ne me surprenait : avec ma sœur, la situation est identique. Mais le temps passe, les grands-parents ne sont plus là. Je crois d'ailleurs que c'est à la mort de mon grand-père que tout a basculé.

Ma tante a abandonné son rôle d'aînée et ma mère s'est engouffrée dans la place devenue libre. C'est elle désormais qui soutient sa sœur plus fragile. C'est elle qui la bouscule quand elle se laisse aller. Et pour ça, ma tante est fortiche. Les conversations tournent toujours autour du même thème : pour se sentir bien dans sa peau, il faut une tenue irréprochable. C'est en tout cas la philosophie de ma mère. Alors, chaque jour, ma tante reçoit sa leçon de maintien : « Va chez le coiffeur. Mets-toi du rouge. Jette-moi ce vieux chemisier qui n'a plus l'air de rien et qui te donne une mine effrayante », et j'en passe.

Leurs maisons de vacances sont mitoyennes, je vais voir ma tante tous les jours et, tous les jours, j'entends ce même refrain. La soudaine autorité de ma mère envers sa sœur n'est pas du tout un jeu sans importance. Bien au contraire, ma mère exerce une responsabilité qu'elle prend très au sérieux. Quand elle est à bout, ma mère emploie même la sentence suprême : « Si les parents te voyaient. » Ma tante n'est, rassurez-vous, absolument pas abattue par toutes ces remontrances. Simplement horripilée. Elle le lui fait savoir et, parfois, ça tourne mal. Mais leur complicité est totale, leur amour indestructible. Aussi quand ma tante me lâche : « Ta mère m'exaspère », je n'y vois qu'une marque d'affection.

L'âge venant, elles aiment se raconter leurs souvenirs d'enfance. On les a entendus, mes cousins et moi, cent fois. Mais on ne se lasse pas de les voir pleurer de rire en se les remémorant. On leur demande même des détails sur cette jeunesse en province qui les a marquées à jamais. Nous avons notre histoire favorite : celle du petit voisin un peu neuneu qui croyait dur comme fer à tout ce qu'elles disaient. Avec mon cousin, on a appris par cœur un refrain folklorique qu'elles chantaient dans leur enfance. Alors parfois, quand l'atmosphère devient un peu lourde, on le leur chante à tue-tête, chorégraphie à l'appui, et ça marche à tous les coups : elles sont aux anges. Car ce qui les rapproche, ce sont ces souvenirs de l'histoire de notre famille, de la guerre de mon grand-père aux recettes de cuisine de ma grand-mère.

Ma tante est surprenante : dans cette maison de vacances, elle peut, d'un coup, se révolter contre ses enfants lorsqu'ils proposent, par exemple, des aménagements dans la villa. Quand elle se met en colère, on a intérêt à se planquer. Ma mère applaudit des deux mains : si sa sœur réagit, c'est qu'elle va bien. Et puis, tout rentre dans l'ordre. Ma mère n'est pas toujours tendre avec son aînée. Les bons jours, ma tante ne répond pas aux invectives. Les mauvais, ça fuse et c'est toujours elle qui a le dernier mot. Faut pas trop la chercher. Les deux sœurs ne se parlent plus pendant quelques heures. On les laisse se dépatouiller sans jamais s'en mêler. Je croise le regard de ma tante qui en dit long sur sa relation avec ma mère : ce regard à la fois tendre et abattu qui m'amuse tant. Sa manière lasse de voir les choses me fait, de toute façon, beaucoup rire.

Le jour de Noël, la famille s'est réunie. Comme souvent, ma tante paraît absente, un peu dépassée par ses enfants et ses petits-enfants qui remuent dans tous les coins de son appartement. Elle a souvent l'air de penser à des choses tristes que nous ne comprendrons jamais. Je me suis assise à côté d'elle pour lui dire un mot. Ce jour-là, elle a pris ma main et l'a caressée pendant un long moment. Je n'ai plus osé bouger. Je continuais à bavarder avec elle mais j'étais très émue. Ce fut son premier vrai geste d'affection à mon endroit. Je suis la fille de sa sœur et j'ai compris ce jour-là que j'avais ma place sur sa photo de famille. Pour elle, avoir une nièce, ce n'est pas rien. Et c'est pour toute la vie.

*

On ne devrait pas lui parler de certains sujets. Non pas qu'elle s'y refuse mais parce que ça la fait pleurer. Caroline a d'abord les yeux embués de larmes puis, en moins de temps qu'il ne faut pour le dire, ça déborde. Au début, ça me mettait dans tous mes états, affolée à l'idée d'un drame. Maintenant, je n'y fais presque plus attention. Je lui dis juste : « Ne pleure pas », elle sourit, « Non, non, tout va bien », et je lui tends un mouchoir. Comme nous parlons de sa sœur, Caroline est émue. Je m'y attendais et, bien organisée, j'ai préparé un paquet de Kleenex. Caroline a quinze ans de plus que moi. Elle est très maternelle, très protectrice et pourtant, il m'arrive souvent de la consoler, tiens, comme une grande sœur.

« Ma sœur était une enfant sage. J'étais la cadette un peu chipie. » Enfants, les deux filles sont complices et proches. À l'adolescence, tout a basculé. Sa sœur entre au lycée et elle est très brillante. C'est une intellectuelle doublée d'une rebelle : « Mon contraire absolu. » Caroline se sent terriblement immature face à cette grande sœur ultra-féministe, politisée. « Sur fond de révolution soixante-huitarde, je ne pensais qu'à mes tenues pour mes petites soirées mondaines. Ma sœur, elle, militait. Deux mondes opposés. » Malgré cette période où elles ne se parlent plus beaucoup, elles gardent l'une pour l'autre une tendresse infinie. « Je n'ai jamais senti de sa part la moindre agressivité. Je devais pourtant incarner tout ce qu'elle détestait, mais elle a toujours été d'une très grande tolérance. » En me disant cette dernière phrase, Caroline s'effondre peu à peu, mais « non, non, ne t'inquiète pas, tout va bien ». Sa sœur aînée se marie très jeune et la cadette, complètement insouciante, ne se rend pas compte que le mariage est un échec. « Je l'ai su très tard, à la naissance de son enfant. Je ne savais pas à quel point sa vie était dure. Je n'avais rien vu et je m'en suis voulu très longtemps. »

Et puis, malgré les difficultés, sa sœur tombe à nouveau amoureuse et elles retrouvent une complicité dans le bonheur. « Pourtant, aujourd'hui comme hier, on a des avis différents sur tout : la politique bien sûr, mais c'est sans importance. Le pire c'est qu'elle aime les villes du Nord, je me sens méditerranéenne. Je suis pratiquante, elle est anticléricale. Je donne à mes enfants une éducation classique, chez elle, c'est l'anarchie. Nous n'avons qu'un point commun : la lecture. » Mais aussi leur mère qui parfois les rend folles et dont elles se plaignent régulièrement au téléphone : « Ça fait du bien ! Mais en fait on s'appelle peu même si je sais qu'elle pense souvent à moi, comme moi à elle. »

Caroline se rend soudain compte qu'elles n'ont pas pris de vacances ensemble depuis trente-cinq ans. Souvent, elles se remémorent ce qu'elles s'étaient promis lorsqu'elles étaient enfants : « Quand on sera de vieilles peaux, qu'on se foutra de notre apparence physique, on s'empiffrera de ces gâteaux à la crème qu'on adore. Et on ira habiter toutes les deux dans une maison qu'on a repérée il y a bien longtemps et que nous sommes les seules à connaître. »

Pour toute la vie

La gorge est nouée, c'est reparti pour les larmes. Mais là, Caroline se débrouillera. Pour les mouchoirs, je suis à court.

Les drames de la vie

Il n'y a qu'une sœur qui puisse comprendre, comprendre vraiment.

À la mort de notre mère, il n'y a plus eu de petite et de grande sœur. Nous étions unies, comme jamais, devant cet indicible malheur. Pendant quelques semaines, nous allions chacune à notre tour, mais le plus souvent ensemble, dans cette clinique devant laquelle nous avons de la peine à passer aujourd'hui. Toujours souriantes pour ne pas inquiéter notre mère, toujours à l'affût de renseignements sur son état. Nous posions les questions aux médecins, en même temps, nous nous cachions dans les couloirs pour pleurer un peu, en même temps. C'est à cette période que j'ai compris à quel point nous pouvions être jumelles. Mêmes réactions, mêmes angoisses, mêmes espoirs.

Il a fallu plus tard s'occuper de notre père. Cinquante ans de vie commune unissaient nos parents. Ce n'est pas rien. Être présentes pour lui n'a jamais été, ni pour ma sœur, ni pour moi, un effort, encore moins un devoir. On tremblait seulement pour lui. On s'appelait alors dix fois par jour, scrutant la voix de l'autre pour vérifier qu'on tenait le coup, s'inquiétant pour notre père, vérifiant que l'une ou l'autre pouvait être là pour lui. Ce fut un moment à part, une espèce de long chemin, difficile et chaotique, que nous avons parcouru main dans la main. Pour la première fois, ma sœur n'a pas tenté de me cacher sa douleur, ni moi la mienne. Sans crainte, on se parlait beaucoup de tout ce que nous ressentions. De la vie qui continuait pour les autres – et même pour nous – malgré ce choc inouï. De ces événements que notre mère ne verrait jamais. On regrettait qu'elle n'ait pas vécu l'élection de Barack Obama. On était certaines qu'elle l'aurait adoré. Qu'elle aurait encensé son allure, son élégance, et persiflé contre ces hommes politiques français jamais à son goût. On était sûres de nous : Barack aurait été son favori !

Les mois passants, sans que jamais cela soit dit, nous avons trouvé le moyen de nous réconforter : nous souvenir de notre mère avec bonheur. Oublier les moments terribles. Nous moquer d'elle tendrement, se remémorer ses exigences, ses humeurs, ne nous pose aucun problème. Bien au contraire. Nous n'avons pas voulu sacraliser celle qui nous a élevées mais c'est toujours avec une affection sans bornes que nous nous souvenons d'elle. Nous en parlons beaucoup, nous traquons nos ressemblances avec elle, nous nous surprenons à parler comme elle, à bouger comme elle. Et on aime ça. Ce malheur nous a rendues plus fortes, plus conscientes de l'importance de notre relation de sœurs. Je pensais souvent : « Heureusement qu'elle est là. » Et je sais, sans le lui avoir demandé, qu'elle se disait exactement la même chose.

Lorsque je nous vois, toutes les deux, discuter, rire des mêmes choses, s'inquiéter l'une pour l'autre, je me dis que ma mère doit être heureuse. Ses filles s'aiment et c'était, je crois, son souhait le plus cher…

Je me souviens comme elle détestait nous savoir en froid. Nos disputes pouvaient lui gâcher la vie. Je m'en veux aujourd'hui de ne pas lui avoir caché nos démêlés. De lui avoir dit combien sa fille, ma sœur, avait été infernale à telle ou telle occasion. Elle ne prenait jamais la défense de l'une ou de l'autre et répétait inlassablement : « Les filles, ça commence à bien faire. » J'avais tellement envie qu'elle prenne mon parti, qu'elle soutienne mon discours. Mais ce n'est jamais arrivé. Jamais. J'ai pourtant tout essayé !

On dit beaucoup que je lui ressemble. J'en suis fière. C'est le plus beau compliment qu'on puisse me faire. Ma sœur ne cesse de me dire qu'en vieillissant, et en comparant les photos d'elles deux, il y a aussi une ressemblance. Je lui fais croire qu'elle a raison, elle en a tellement envie, elle qui est le sosie parfait de notre père !

Notre mère n'est plus là mais elle est là tout le temps. À chaque instant, ma sœur et moi savons qu'elle nous protège.

Lorsque je croise une fille unique, c'est la première pensée qui me vient à l'esprit. Comment fait-on quand on est seule face à ce chagrin immense ? Je ne sais pas comment je me serais dépatouillée sans ma sœur à mes côtés. On en revient toujours à la même chose : à ce lien, unique et indispensable, indestructible et mystérieux. Dans le bonheur et dans le drame.

*

Je ne connaissais pas Margaux, la plus jeune. Mais quand elle est apparue, je n'ai eu aucun doute. C'est bien la sœur de Julia. Sept ans de différence entre ces deux jeunes femmes et plein de points communs. Le premier, celui qui frappe au visage, c'est la gaieté. Ces filles-là sont gaies comme des pinsons et ce qu'elles m'ont raconté ce soir-là m'a donné une sévère leçon : on peut vivre bien des drames et rester digne.

Surtout ne pas s'apitoyer sur Julia et Margaux parce que c'est ce qu'elles fuient depuis toujours. Les côtoyer doit être un plaisir, c'est ce qu'elles se sont promis. On parlera donc de la mort de leurs proches naturellement, sans avoir peur d'être maladroit. Les maladresses, elles en ont entendu des centaines de fois et rien ne les fait plus rire. Ces sœurs-là sont des forces de la nature. Parce qu'elles ont toujours été là l'une pour l'autre et que leur lien, insubmersible, les a sans doute sauvées du désespoir.

Je voulais leur parler de la mort de leurs parents mais elles ont d'abord voulu commencer par le commencement. Leur frère aîné s'est tué dans un accident de voiture. Il avait vingt-trois ans, Julia dix-neuf, Margaux douze. Julia, toute à son chagrin, prend peur quand on lui dit : « Fais attention à Margaux, surveille-la un peu, qu'elle ne soit pas seule. » C'est une mission facile, Julia s'est toujours occupée de sa petite sœur et Margaux adore son aînée, son « modèle ». « Depuis l'accident, je me suis mise à regarder ma petite

sœur un peu différemment, avec un sentiment de responsabilité. Il fallait que je sois
sûre qu'elle s'en sortait. Alors je l'emmenais
partout avec moi. Chez mes copines qui la
considéraient comme leur mascotte. Il fallait qu'elle fuie autant que possible l'ambiance familiale, le chagrin de nos parents,
bien trop lourd pour une enfant de douze
ans. » Margaux a adoré accompagner sa
sœur dans ses virées. Elle avoue que c'est la
seule personne avec qui elle se permettait
parfois de pleurer : « Devant mes parents,
c'était impossible. Je ne voulais pas leur
infliger une seconde peine : me voir souffrir les aurait anéantis. » Julia et Margaux,
pendant des semaines après le drame, dorment dans la même chambre. « C'était indispensable d'être ensemble physiquement.
C'était même le seul endroit où l'on pouvait
se poser des questions qui nous tourmen-
taient : Était-il mort sur le coup ? S'était-il

rendu compte de ce qui se passait? À qui d'autre pouvions-nous parler de ça?»

Mais la tragédie ne s'arrête pas là. Quelques années plus tard, leur père disparaît brutalement à cinquante-neuf ans. Leur mère, cette fois, lâche prise. Julia est partie depuis longtemps de l'appartement familial. Reste Margaux, en tête à tête avec une mère dépressive qui a perdu le goût de vivre. Encore une fois, Julia prend la situation en main : sa sœur passe beaucoup de temps chez elle. Elles s'inquiètent pour leur mère, se donnent le mot quand la situation empire, se disent tout. Mais Margaux découvre un soir le corps de sa mère inanimée. «Je sais qu'elle est morte de tristesse. On ne me croit pas toujours. C'est pourtant comme ça que nous l'avons ressenti avec Julia.» Margaux raconte l'appel aux pompiers, le massage cardiaque qu'elle a tenté de pratiquer : «J'étais scout, attention, les massages ça me connaît!», parce que cette jeune femme ne veut pas tomber dans le misérabilisme et qu'elle raconte les pires moments avec cette espèce d'humour inouï qui, malgré elle, nous fend le cœur.

Julia ne s'est même pas posé la question : sa sœur allait dorénavant vivre chez elle. Une évidence partagée avec son mari pour qui Margaux est bien plus qu'une simple belle-sœur. « Au début, j'avais pris un tout petit sac. Et puis, très vite, je me suis vraiment installée. J'avais ma propre chambre et Julia y entrait chaque soir. On parlait de tout, de rien, de notre frère bien sûr et de nos parents sans jamais tomber dans le glauque. Oui, il nous arrivait de pleurer, mais pas si souvent. » Elles se souviennent qu'à la mort de leur frère, leur père leur avait dit : « Il a vécu vingt-trois ans de bonheur. Il faut se souvenir de lui gaiement. Il voulait nous dire de profiter de notre jeunesse, que c'était les plus belles années. » Elles ont bien suivi la leçon.

Des souvenirs, elles en ont plein la tête : des pas très glorieux, des marrants, ensemble, elles n'ont jamais honte de se rappeler des anecdotes qui concernent leur frère ou leurs parents. Elles n'idéalisent pas. Ce sont des concrètes, des lucides. Parfois l'une dit à l'autre : «Toi, tu ressembles à ta mère. Toi, tu parles comme ton père.» Ça les amuse.

Margaux a été la première à apprendre la bonne nouvelle : Julia était enceinte. «J'étais folle de bonheur pour elle. Puis, peu à peu, j'ai flippé. Un enfant, en fait deux, puisque c'étaient des jumeaux, ça voulait dire qu'il fallait partir. C'était normal bien sûr. Mais il fallait bien rendre la chambre qui leur avait toujours été destinée.» C'est Julia qui s'occupe de dénicher un endroit pour Margaux. Et elle trouve : un appartement dans la même rue. «J'avais un peu la trouille quand même, ajoute Margaux, je n'avais d'abord jamais vécu seule et puis je craignais que Julia ait moins de temps pour moi. » Ses craintes sont vite dissipées. Elles passent toujours autant de temps ensemble. « On a un besoin physique de se retrouver, me dit l'aînée, on voit toujours les choses pareil. Et puis Margaux a une incroyable force de vie. En cette matière, c'est mon maître ! » Elles partent même en vacances ensemble au moins une semaine par an. En juin dernier, Julia a abandonné mari et marmots pour partir au soleil, seule avec sa sœur. Une parenthèse nécessaire.

Depuis un an et demi, les sœurs travaillent dans la même entreprise « mais pas dans le même service », se presse d'ajouter Julia. « Je n'aurais pas aimé ça. » Elles se retrouvent après le bureau, prennent un verre, ont toujours quelque chose à se dire. « C'est parfois un peu trop. Il n'y a pas si longtemps j'ai dit à Margaux qu'il fallait qu'on se voie moins. Un peu moins. On tournait toujours autour des mêmes discussions. Je crois que Margaux l'a bien pris, hein ? » Margaux ne répond pas. Sourit timidement et avoue que, sur le moment, elle a été attristée par le discours de Julia. « Mais elle avait raison. C'est vrai qu'à force de se voir quotidiennement, on se surprenait moins. On étouffait. »

Au moment de se quitter, ma propre sœur est venue nous rejoindre. Elle connaît Margaux et Julia. J'ai eu une drôle de sensation en nous voyant, là, toutes les quatre. L'impression d'appartenir à un club très privé. Un club inaccessible pour toutes celles qui n'ont pas de sœur. J'ai regardé partir Julia et Margaux : elles riaient en traversant la rue – que se disaient-elles encore ? – tandis que ma sœur, impatiente, me demandait : « Alors ? Raconte. Elles sont comme nous ? »

*

Nous lisions *Les Contes du chat perché*. Je soupçonne mon père, fin lettré, d'avoir préféré nous faire connaître Marcel Aymé que n'importe quel autre auteur pour enfants. Delphine et Marinette, les héroïnes, étaient, comme de bien entendu, deux sœurs. Raison de plus pour m'y intéresser. Pour une raison obscure, je les confondais avec Catherine Deneuve et Françoise Dorléac. J'avais sans doute vu *Les Demoiselles de Rochefort* à peu près en même temps et l'amalgame allait de soi. Savoir que deux « vraies » sœurs jouaient deux sœurs dans un film m'enchantait. En grande spécialiste, je croyais même percevoir de-ci de-là, dans certaines scènes, des moments de complicité qui ne trompaient pas. Et puis ma sœur ressemblait tellement à Catherine Deneuve, même enfant, qu'il ne faisait aucun doute que j'avais moi-même des points communs avec Françoise Dorléac. Un peu présomptueux quand même ! Toujours est-il que ce film légendaire a toujours été inscrit à mon panthéon personnel. Françoise et Catherine étaient des modèles : jolies, drôles, spirituelles, gracieuses, il fallait qu'on soit comme ça quand on serait grandes.

C'est bien plus tard que j'ai appris la disparition de Françoise Dorléac. Un accident stupide, une voiture qui s'embrase sur l'autoroute. J'ai un souvenir précis de ma mère me racontant la fin tragique de celle qui me faisait penser à la Delphine du conte. J'avais pensé à Catherine Deneuve. Dans mon esprit les deux sœurs ne formaient qu'un, étaient inséparables. Je ne me trompais pas tant que ça. En 1996, on m'a offert un livre sur l'actrice de *L'Homme de Rio*. Pour la première fois, sa sœur, de dix-huit mois sa cadette, se confiait sur cette perte immense, ce chagrin qui ne s'atténue pas avec le temps. Elle avait prévenu : c'était la première et la dernière fois qu'elle en parlerait. Autant dire que c'est un document précieux. Catherine Deneuve y raconte avec pudeur leurs relations d'enfants puis d'adultes. Leur extrême intimité, leur absence totale de rivalité, contrairement à ce qu'on a parfois voulu faire croire. Les complexes de Françoise qui se trouvait trop grande, trop maigre, trop tout et que rien ne pouvait rassurer vraiment, même Catherine qui ne cessait de lui dire comme elle la trouvait belle. Et puis le choc, le terrible choc. La vie qui s'arrête, l'état second dans lequel se trouve Catherine Deneuve pendant des mois, le manque permanent, cette absence de « complicité sur laquelle on ne se pose aucune question, qui ne suscite aucun doute ». Avec ce témoignage, Catherine Deneuve montrait un nouveau visage : celui d'une femme fragile, moi qui la croyais invincible. Plus de quarante ans après, parler de la disparition de son aînée semblait toujours si difficile.

Les drames de la vie

Une difficulté que j'ai trouvée chez d'autres…

*

Camille est mon amie de cœur. Je ne me souviens pas de notre première rencontre. Elle a toujours fait partie de ma vie, sa famille et la mienne sont unies depuis la nuit des temps. Camille a un tempérament qui me fascine et me fait rire : elle n'a peur de rien, fonce quoi qu'il arrive, n'est jamais frileuse. À la voir, on n'imagine pas que le destin l'a frappée durement voici quatre ans. Elle a perdu sa sœur aînée, un drame dont « on ne se remet jamais vraiment ».

Les sœurs sont très liées malgré les quinze années qui les séparent. Quand les enfants de Camille naissent, elles se rapprochent plus encore. « Je crois qu'elle les considérait comme ses propres enfants. Elle n'avait eu qu'un fils alors qu'elle espérait en avoir beaucoup d'autres. J'adorais la voir avec eux. Cette espèce de relation naturelle parfois même fusionnelle. Ils étaient les enfants de sa sœur, c'était pour elle extrêmement important. Je pouvais compter sur ma sœur à tout moment. Je ne pense pas qu'elle se soit rendu compte à quel point elle a allégé ma vie de jeune mère. Au moindre problème, elle répondait toujours présente. Et je lui confiais d'autant plus facilement les enfants qu'elle prenait ça comme un cadeau. »

Et puis l'aînée part vivre dans le sud de la France tandis que Camille reste à Paris. C'est un choc de ne plus la savoir physiquement proche au quotidien alors qu'elles habitent depuis toujours dans le même immeuble. Pour compenser le manque, elles s'appellent presque tous les jours. « C'était une sœur très protectrice. Une espèce de seconde mère. À ma naissance, rends-toi compte, elle avait quinze ans ! Mais peu à peu les choses se sont inversées. Elle avait des problèmes dans sa vie et puis elle est tombée malade. Une maladie grave qui l'angoissait beaucoup même si les médecins étaient rassurants. Mon rôle, à ce moment-là, consistait aussi à la tranquilliser. » Camille part dans le Midi pour les vacances avec mari et enfants. Elle passe tous les jours la voir et s'aperçoit qu'elle est très démoralisée. Une nuit, un coup de fil lui annonce que le Samu est chez sa sœur et qu'il faut qu'elle vienne au plus vite. « Elle avait fait un AVC. Les pompiers m'ont prévenue : c'était très grave. J'étais en état de choc. Je ne comprenais plus rien. Et puis, en arrivant à l'hôpital, le médecin m'a annoncé que c'était fini. » Camille est le seul membre de la famille à être présente. Dans une espèce de brouillard, un état second, elle comprend qu'un poids énorme lui tombe dessus : il faut prévenir ses parents et le fils de sa sœur. « En fait, je ne me souviens presque plus de rien. J'étais un zombie. J'étais très entourée, aidée, mais tellement groggy, comme paralysée. »

Mariée, mère de deux enfants, Camille doit continuer à vivre. À travailler. « J'y pensais jour et nuit. Je voyais des ressemblances avec elle partout. Il suffisait qu'une femme soit habillée comme elle ou porte le même parfum, qu'on me serve un plat qu'elle aimait et j'avais le souffle coupé. Au sens littéral du terme. »

Et puis surtout, elle se sent une énorme responsabilité vis-à-vis de son neveu. « Je me devais de compenser. J'étais la sœur de sa mère et j'avais un rôle, j'étais investie d'une mission. Je ne remplacerai jamais sa mère mais je suis là dès qu'il a besoin de moi. Il le sait. » Quand ce neveu tant aimé devient père, c'est une joie immense dans la famille. En même temps, Camille est déchirée : « Ma sœur rêvait tellement d'être grand-mère et elle n'était plus là. C'est très dur à vivre. Tellement injuste. Quand je vois cette petite fille, je ne peux pas m'empêcher de penser au bonheur qu'elle aurait eu. La veille de sa mort, elle m'avait parlé de ça, de son impatience d'être grand-mère. »

Un an plus tard, Camille vit un autre drame : son couple explose. Sa sœur lui manque terriblement pendant cette période. « Elle aurait évidemment repris son rôle d'aînée. Je sais qu'elle aurait trouvé les mots, d'autant qu'elle avait vécu cette situation. Toutes les copines du monde, même les plus proches, les plus compréhensives, ne peuvent pas remplacer une sœur. Je suis certaine que si elle avait été là, ç'aurait été un réconfort psychologique immense. Et puis, je l'imagine, entière comme elle l'était, elle se serait battue bec et ongles pour moi ! C'est qu'il ne fallait pas toucher à sa petite sœur ! »

On l'a compris, faire le deuil d'une sœur est une étape très difficile à franchir. Accepter l'absence est insupportable, intolérable. Camille ajoute que, toute sa vie, elle s'est préparée à perdre ses parents. Même si c'est terrible, c'est dans la logique des choses. Mais quand on perd son aînée, on fait comment?

«Ma vie s'est arrêtée il y a quatre ans et puis j'ai repris pied. Grâce d'abord à la cellule familiale. Heureusement la vie est bien faite, petit à petit, le goût de vivre est revenu. Je me souviens par exemple de ce voyage que j'ai fait un an après le drame et où je me rendais compte que je savourais tous les moments. Inimaginable quelques mois plus tôt. Comme si j'avais enfin intégré qu'elle n'était plus là.»

Aujourd'hui, Camille ne peut s'empêcher de vouloir rendre plus légère cette disparition vis-à-vis de ses parents et de son neveu. Elle est encore plus présente qu'elle ne l'était. Elle s'occupe de la petite fille de sa sœur autant qu'elle le peut, lui parle beaucoup de sa grand-mère, lui montre des photos. La fillette lui a même trouvé un nom qui survient, comme ça, dans sa conversation. « À travers elle, ma sœur est toujours là. Plus présente que jamais. »

Si différentes

Ma sœur et moi sommes tout de même différentes sur bien des points. J'imagine que ce sont ces dissemblances qui nous agacent le plus, l'une comme l'autre. On veut toujours que ceux qu'on aime soient comme nous. Que ma sœur ne réagisse pas comme je le voudrais m'horripile. Il est un sujet, sans doute sans gravité, qui prouve que nous sommes loin d'être semblables. Cette sœur aînée si anxieuse, si tendue, quand il s'agit de santé – morale ou physique –, peut parfois prendre à la légère des événements qui me paraissent, à moi, essentiels. Je ne compterai pas ici le nombre de fois où nous nous sommes engueulées comme des poissonnières parce qu'elle avait été négligente, moi qui ne le suis pas. Qu'elle ne remercie pas une amie qui lui a rendu service m'agace au plus haut point. Qu'elle ne réponde pas à une invitation parce qu'elle n'y a pas pensé ou, plus certainement, par paresse, me met les nerfs en pelote. J'ai sans doute tort de prendre tant à cœur ces petites amnésies anecdotiques, mais c'est plus fort que moi. Ma sœur n'a pas les mêmes réflexes que les miens et ça me casse le moral. Je m'abstiens à présent de lui faire une réflexion. Car la demoiselle se fâche tout rouge, me demandant de cesser de la juger, pire, de la condamner, moi la rigide. J'ai eu le malheur, lors d'un dîner, de lui rappeler qu'elle n'avait pas téléphoné à une copine qui s'était donné du mal pour elle. J'ai bien compris que j'aurais dû me taire. Elle s'est levée de table et n'a plus jamais voulu y retourner, malgré l'insistance des amis présents. Brouille de deux jours.

Mais on peut voir les choses différemment : ai-je vraiment le droit de lui donner des cours de savoir-vivre ? Au fond, pourquoi devrais-je me mêler de sa manière de faire ? Parce que je veux qu'on l'aime, c'est aussi simple que ça. Que je ne sais pas quoi faire quand on me dit : « Ta sœur a bien reçu mon mail ? Elle ne me répond pas. » Que je suis embarrassée alors que le plus simple serait de la laisser se dépatouiller toute seule. Chacun sa vie. Ce serait si facile… Je suis encore et toujours étonnée que nous soyons parfois si différentes sur ce point alors que cela n'est pas si surprenant. J'ai compris peu à peu que ma sœur se moque bien de savoir ce que l'on pense d'elle. On peut bien la détester, elle ne s'en formalise pas. C'est une force – oui, une force – que je n'ai pas, c'est même tout le contraire. L'opinion qu'ont les autres de moi me tourmente, me gâche la vie ! Je déteste qu'on dise : « On ne peut pas plaire à tout le monde. » Je veux plaire à tout le monde, ce qui est évidemment mission impossible. Et, qui plus est, grotesque. Si j'aime qu'on m'adresse des compliments, ma sœur les accepte sans broncher, sans en faire tout un plat. Elle fera tout et n'importe quoi pour soutenir son cercle rapproché : son père, sa sœur, son mari, ses amis proches. Les autres ? On verra plus tard… Je lui envie cette capacité de ne faire d'effort que lorsque ça en vaut vraiment la peine. Elle a mieux à faire. Cet état d'esprit me heurte et me fascine en même temps. Si on ne peut pas dire que ma sœur soit quelqu'un de léger, elle sait, en tout cas mieux que moi, ne pas s'encombrer l'esprit avec des détails qui, finalement, empoisonnent le quotidien. Qui est dans le vrai ? Elle ? Moi ? Elle vous dira, bien sûr, que cela lui est bien égal. Mon côté première de la classe, gentille fille comme il faut, c'est bien mais ce n'est pas du tout son truc. Elle ne fera rien pour qu'on l'aime davantage et on doit la prendre comme elle est ! Alors voilà, c'est dit : ma sœur et moi sommes, sur certains sujets, à l'opposé l'une de l'autre. Ces différences nous lient d'une certaine façon : ces caractères immuables sont notre marque de fabrique. Moi qui en fais toujours trop, elle jamais assez : une espèce d'équilibre.

*

Une même éducation – mais est-on vraiment élevées de la même manière ? – peut aussi donner deux personnalités complètement antinomiques. J'en ai eu la preuve récemment. J'ai croisé dans un mariage ces deux jeunes femmes qui n'avaient rien, mais alors rien en commun, si ce n'est un petit air de famille. J'ai pensé un instant qu'elles étaient demi-sœurs, peut-être même même cousines. Mais on me le confirme : elles sont nées du même père, de la même mère. Stupeur !

J'ai fait ma petite enquête et j'ai longuement questionné leurs amis, non pas communs, elles n'en ont aucun, mais respectifs. Ils m'ont décrit deux sœurs très éloignées l'une de l'autre et pas seulement géographiquement. Le hasard – vraiment ? – a voulu que l'une habite Strasbourg, l'autre Toulouse. «Elles ne se parlent pas au téléphone. Mais jamais je n'ai entendu l'une se plaindre de l'autre. Il n'y a aucune animosité, juste une indifférence presque totale.» Pas beaucoup d'amour non plus, si j'en crois un proche. «Je crois sincèrement qu'il n'y a pas de place pour leur sœur dans leur vie.

Et si on demande à l'une des nouvelles de l'autre, la réponse est toujours la même : elles ne savent pas !» Elles se rencontrent de temps en temps dans les fêtes de famille et se parlent poliment. «Un peu comme deux cousines qui se connaîtraient à peine.» Ces deux jeunes femmes n'ont pas d'enfants. On imagine que lorsqu'elles seront mères la situation pourra évoluer. «Pas sûr», persifle une amie. «Ça ne changera pas grand-chose à leur relation. Car, je persiste, le pire c'est qu'elles ne se détestent pas, elles s'en foutent, c'est tout !»

Je ne peux pas y croire. Sûre qu'il y a une histoire de famille là-dessous : un problème d'héritage, comme cela arrive malheureusement souvent ? Un amour partagé et contrarié ? Rien de tout cela, me confirme-t-on. La seule raison valable est que l'une d'elles est partie à seize ans de la maison, faire sa vie, ailleurs. Que leurs parents s'entendaient mal et que l'ambiance de la famille n'était pas au beau fixe. Fuir la famille, se mettre à la prendre en grippe ? C'est sans doute la vraie cause. La seule que je peux tenter de comprendre. Les parents, bien sûr, sont fautifs. « Fautifs ? Mais de quoi ? Elles ne s'embarrassent pas de ce qui arrive à l'autre. Elles n'en souffrent pas et n'ont aucun grief contre leurs parents. Finalement, elles sont plus libres que certains. Plus égoïstes peut-être, mais plus libres, c'est sûr ! »

J'abandonne, je ne comprends rien à ce discours ! J'ai appris seulement que deux sœurs peuvent vivre l'une sans l'autre sans en souffrir. Je tombe des nues.

*

La différence physique est indéniable. Ces deux sœurs-là, c'est le jour et la nuit. L'une est voluptueuse, sexy, chaleureuse. L'autre en

160

retrait, silencieuse, peut-être même un peu sombre.

On ne les voit pas souvent ensemble mais, quand on les croise, on a du mal à imaginer un quelconque lien de famille. On se trompe sûrement : qui connaît vraiment l'intimité de deux sœurs ? Mon amie, c'est Héloïse. Inutile de vous dire que c'est la joyeuse. J'ai toujours manqué de patience – d'indulgence ? – avec celles qui ne le sont pas. Héloïse est la cadette, cinq ans la séparent de Mathilde. Elles sont issues de l'aristocratie française. La vraie de vraie. Une enfance à la campagne dans la propriété familiale où le temps semble s'être arrêté. Une existence paisible plus proche en fait du dix-neuvième siècle que du vingt et unième. Chez eux, les enfants ne parlent pas à table, n'ont pas leur mot à dire, suivent sans broncher les diktats des parents. Une discipline qui a toujours convenu à Mathilde, la douce, la gentille, la calme, la sérieuse. Héloïse semble s'être trompée de famille. « Je ne pensais qu'à m'amuser. L'école ? Le cadet de mes soucis. L'idée était de partir le plus souvent possible de la maison. Ça ne s'est pas arrangé avec l'adolescence ! » Petites, elles ont perdu leur père dans un accident. Elles n'en ont jamais parlé. Le mot « Papa » n'a même jamais été prononcé. Un sujet tabou et puis, de toute façon, les deux sœurs n'échangent rien.

Héloïse est le vilain petit canard tandis que Mathilde-la-raisonnable s'est donné une mission, devenue un sacerdoce : guider sa petite sœur vers le droit chemin. Le droit chemin c'est promenades dans les bois, lecture devant le feu de cheminée, un vrai roman de Jane Austen… Peine perdue, la cadette ne se laissera pas faire. « Je n'ai pas de souvenirs de moments partagés. Nous n'avions rien en commun, ça en devenait risible. On se disputait à propos de tout. »

Vers l'âge de quinze ans, Héloïse est invitée sans cesse dans les soirées des alentours. Des soirées bien comme il faut où on peut parfois se lâcher. « Et je me lâchais ! J'aimais séduire, rire. Tout pourvu que je sorte de mon environnement plutôt sinistre. » Mathilde suit sa sœur. Non pas pour faire la fête mais pour la surveiller. Pour s'assurer qu'elle se tienne bien. « Je sais que ça paraît fou, mais ma sœur s'est toujours considérée comme une seconde mère. Une espèce de garde-fou. Elle m'accompagnait donc et, dès dix heures du soir, allait dormir dans sa voiture. Je ne l'ai jamais vue danser. Vers minuit, elle se réveillait pour venir me chercher. Un chaperon, quoi ! » Héloïse a des amoureux, Mathilde pas. Héloïse a des tas d'amis, Mathilde très peu. « Savoir que ma sœur menait une vie monacale était un fait. Je ne m'en souciais pas une seconde. J'avais de toute façon bien d'autres choses en tête. »

Étudiante, Héloïse vient partager l'appartement parisien de sa sœur. Bordélique, fêtarde comme toujours, ça ne pouvait pas coller. Il y avait des engueulades mémorables et, toujours dans les paroles de Mathilde, cette angoisse que sa sœur ne soit pas « une jeune fille comme il faut ». « J'ai tenté de la faire évoluer, de lui ouvrir les yeux sur le monde. Ça ne servait à rien. J'ai vite abandonné. »

À vingt-cinq ans, Héloïse rencontre Matthieu. Un garçon drôle, noceur, play-boy. « J'étais flattée qu'il s'intéresse à moi. J'ai su dès que je l'ai vu qu'il était l'incarnation de tout ce qu'allait haïr ma sœur. » Effectivement la rencontre est glaciale. Mais Héloïse est amoureuse et ils décident de se marier. Les choses s'enveniment entre le beau-frère et la belle-sœur : « Il détestait tout ce qu'elle représentait : l'étroitesse d'esprit, la rigidité, l'aristo d'un autre temps… et j'étais à cent pour cent de son côté. Pas une seule fois je n'ai tenté d'arranger les choses. Je le voyais être épouvantable avec Mathilde, qui ne méritait pourtant pas tant de haine, et je laissais faire. Je crois que je me vengeais et qu'à travers les propos de mon mari c'est moi qui parlais. Quand j'y repense, ça me fait mal. »

Car le mariage ne durera pas. Le temps quand même de faire trois enfants. Un divorce terrible, brutal, violent, qui laisse Héloïse anéantie. « Mathilde a été là pour moi tout de suite. Elle ne m'a posé aucune question – toujours ce problème avec l'intimité – mais est venue à ma rescousse. » L'aînée s'occupe des enfants qu'elle adore et qui le lui rendent bien, et fait tout pour adoucir la vie perturbée de sa cadette. « J'ai appris récemment qu'elle parlait de mon divorce à mes amies. Qu'elle était bouleversée. Engluée dans mes propres problèmes, je ne m'en suis pas rendu compte. C'est plus tard, quand j'ai compris qu'elle avait souffert pour moi, que tout a changé. Quand je me suis réveillée de cette période terrible, je me suis rendu compte de mon injustice, de ma propre violence vis-à-vis d'elle. » Mathilde ne s'est jamais mariée, n'a jamais eu d'enfants. Mais elle est une seconde mère pour ses neveux. C'est elle qu'on appelle en priorité si on a eu une bonne note ou si on a un chagrin. « On peut dire que mes enfants sont un lien, une espèce de pont entre ma sœur et moi. Savoir qu'ils l'aiment me réconforte. S'il m'arrivait quoi que ce soit, je sais qu'elle serait là. »

Les deux filles d'Héloïse ont, elles, une relation fusionnelle. À l'exact opposé de celle qu'elle a vécue avec sa sœur. « L'autre jour, je voyais mes filles s'embrasser, se tenir dans les bras, et je me suis aperçue que, si je n'avais jamais embrassé ma sœur, je l'avais encore moins tenue dans mes bras. C'est une affection intense qui nous lie à présent mais qui ne se dit pas, ne se montre pas. » Aujourd'hui Héloïse a peur pour sa sœur. Peur qu'elle se sente seule, peur qu'elle soit malheureuse. « Je l'appelle plus souvent, je prends de ses nouvelles, j'essaie d'être présente pour elle comme elle l'a été pour moi. Ce n'est pas toujours aussi naturel que je le souhaiterais, mais on avance ! Malheureusement, je ne peux rien lui dire de mes états d'âme, encore moins de mes histoires d'amour. Au fond, j'ai surtout peur de la décevoir. » Si Héloïse se sent encore jugée par sa sœur, elle se refuse à émettre la moindre critique à son égard. Elle ne pourra plus la changer, autant enfin l'accepter comme elle est. « Quand notre mère ne sera plus là, elle qui est si proche d'elle, je sais que j'aurai moi aussi une mission : prendre soin de cette grande sœur qui, au fond, a toujours voulu mon bien. Je me suis juré qu'un jour je ne sais pas quand, ni comment, je lui dirais que je l'aime. Elle fera celle qui n'a pas entendu mais ce n'est pas très grave. Je veux simplement qu'elle le sache. »

*

La gémellité est un grand mystère. Pas seulement pour moi. Des scientifiques se sont même penchés sur la question. Je suis toujours autant fascinée par ces reportages sur ces jumeaux qui semblent être des frères ou des sœurs à part. Pas tout à fait comme les autres, parfois si liés que ça me ferait presque peur. Juliette semble penser qu'être jumelle est une chance. « Peut-être aussi parce que Hélène et moi sommes de fausses jumelles », précise-t-elle. Ce qu'elle veut dire, c'est qu'il n'y a jamais eu entre elles ce rapport bizarre.

Cette incapacité à se séparer très longtemps. Bien sûr, les deux sœurs sont proches, très liées même, mais très différentes. D'abord physiquement et puis dans leur façon d'être. Leurs parents ont toujours tenu à cultiver cette différence. À leurs yeux, elles n'ont jamais formé qu'un. Oubliés les vêtements ou les coiffures similaires, ce n'était pas du tout le genre de la maison.

Elles ont partagé longtemps les mêmes copines, même si Hélène est un garçon manqué. Juliette, ce serait plutôt les poupées. « J'étais le genre de petite fille qui pique le rouge à lèvres de sa mère ou ses talons hauts. Ma sœur, elle, aurait préféré jouer avec mon frère. » Elles sont dans la même classe jusqu'à leur entrée en sixième. Elles s'engueulent parfois mais pas si souvent, préférant former une coalition contre leur frère aîné. Les jumelles se protègent l'une l'autre, restent toujours soudées. « On faisait bloc. »

«Vers l'âge de quatorze ans, nous dormions encore dans la même chambre, ma sœur m'a réveillée en pleine nuit. Ça ne lui ressemblait pas. Et moi, grande dormeuse devant l'éternel, j'étais furieuse. Mais elle voulait absolument me parler, là, tout de suite. Elle était comme affolée et m'a dit qu'elle croyait être amoureuse d'une fille de sa classe. Dans un demi-sommeil, je lui ai dit que c'était passionnant mais qu'on en reparlerait un autre jour. Aujourd'hui, je m'en veux un peu. Hélène osait enfin s'avouer quelque chose qui allait bouleverser sa vie et moi je ne pensais qu'à me rendormir.» Pire, Juliette oublie carrément cette déclaration essentielle ou, du moins, a voulu l'oublier, elle ne sait plus vraiment. En tous les cas, elles n'en reparlent plus pendant un long moment. Sa sœur lui a dit plus tard qu'à cette période elle s'était sentie très seule, complètement incomprise. Juliette oublie d'autant mieux cette déclaration que sa sœur a des fiancés, une vie d'ado « classique ».

De son côté, Juliette est amoureuse. Elle part de chez ses parents à vingt-deux ans pour aller vivre avec son futur mari. C'est une période difficile pour Hélène : « Elle faisait n'importe quoi à cette époque-là, picolant jusqu'à pas d'heure, fumant des joints constamment, ça devenait inquiétant. Elle transpirait le mal-être. » C'est une période où elles se parlent moins. « Je ne la comprenais plus. Et puis elle m'a reparlé de son attirance pour les femmes… » Hélène a du mal à assumer son homosexualité, n'en a pas dit un mot à ses parents. Seule Juliette est au courant. Juliette qui ne peut s'empêcher d'avoir des doutes sur sa propre sexualité : « On est des jumelles alors je me suis quand même demandé : pourquoi pas moi ? Mais ces soupçons ont peu à peu disparu. »

À l'âge de vingt-cinq ans, Hélène décide

de partir s'installer aux États-Unis. Une manière de se créer une nouvelle vie, d'assumer ce qu'elle est. L'entourage de Juliette appréhende ce départ. « Ils avaient tous peur que ce soit terrible pour moi. Mais pas du tout. Je savais que c'était le seul moyen pour elle d'aller de l'avant et de concrétiser enfin son homosexualité. Elle n'était pas du genre à aller dans les bars du Marais pour draguer et n'avait jamais eu de relations avec une femme. New York, où elle ne connaissait personne, était la ville des promesses. Un endroit idéal qui lui permettrait de faire des rencontres sans avoir peur du regard des autres. »

Deux ans plus tard, Juliette annonce à Hélène – à qui elle parle tous les deux jours – qu'elle va se marier. Elle compte sur le bref retour de sa sœur pour l'annoncer à la famille réunie. « Et Hélène voulait en profiter pour révéler en même temps qu'elle vivait avec une femme. J'ai refusé qu'elle le fasse ce jour-là. C'était mon jour. Je lui ai dit d'attendre un peu. J'avais peur que ça gâche les deux annonces ! » Finalement les parents, les grands-parents, les cousins « même les plus réacs ! » acceptent l'homosexualité d'Hélène sans aucune réticence. Au contraire, ils comprennent mieux ses errances, ses difficultés. « Mes parents sont sans doute tombés des nues mais ça n'a jamais été un problème. La savoir heureuse leur suffisait amplement. »

Aujourd'hui Juliette a une vie assez traditionnelle : un mari, un enfant, un appartement alors que sa sœur mène une existence bien plus bohème, travaille la nuit dans un bar à New York, écrit un blog. Mais elles sont plus complices que jamais. « Je suis allée la voir à Manhattan. Pour être tout à fait honnête, la voir vivre avec une femme m'a troublée. Pas choquée, troublée. Et puis, entre femmes, c'est explosif ! Mais, en rentrant, j'ai compris que j'étais épatée par ma sœur. Elle a été super courageuse. La voir épanouie me réconforte. Je n'ai plus peur pour elle. C'est un poids en moins!»

Un rêve ou un cauchemar?

Un jour que je demandais à un ami quelle serait pour lui la sœur rêvée, il m'a répondu : « Un frère. »

Comme beaucoup de garçons, cet ami, qui est affublé de deux sœurs, en a bavé. C'est vrai qu'un frère ça ne doit pas être mal. Je pense parfois que ç'aurait été la chance de ma vie. Enfin peinarde. Un frère, ça ne se mêle pas de nos affaires, ça ne s'intéresse pas plus que ça à notre santé, ça n'est là que pour les bons moments. C'est en tous les cas ce qui me vient à l'esprit quand ma sœur vient de me raccrocher au nez. Je me monte parfois la tête en imaginant un frère très sympa et beau gosse qui m'aurait présenté ses copains. Les hommes sont moins hystériques, notre relation serait tissée de moments détendus et affectueux, tranquilles mais passionnants. Sereins. Maxime Le Forestier me comprend, lui qui a chanté «Toi le frère que je n'ai jamais eu» – comme j'ai aimé cette chanson –, mais soyons raisonnable : je n'ai qu'une sœur et je dois faire avec. Je trouvais ça amusant de demander à quelques copines si elles avaient souffert de ne pas avoir de sœurs. Ou pas. Les réponses ont fusé. Les unes sont catégoriques : des sœurs ? Pouah ! Trop difficile de trouver sa place dans la famille. D'autres en rêvent et sont certaines que leur enfance aurait été plus douce avec une complice à leur côté.

Un rêve ou un cauchemar?

Certaines d'entre elles ont donc la chance d'avoir des frères. Et pourtant, elles m'envient. On n'est jamais contentes. Marion, par exemple, me l'a toujours dit : «Tu râles contre ta sœur mais tu en as une.» Petite, elle se sentait seule. Elle a passé beaucoup de temps chez moi jusqu'à ce que je devienne la sœur de substitution. Je le sais car elle m'énerve très souvent, au-delà de la normale. Comme une sœur. «Chez tes parents, ça a toujours été un univers très féminin. Je ne connaissais pas ça du tout.» Pire, elle se sentait laissée pour compte, différente du reste de sa famille. Ses deux frères sont beaucoup plus âgés qu'elle et ils ne partageaient rien avec cette petite sœur. «Je voulais des histoires de chiffons. Un point c'est tout.» Elle profitait de ces après-midi chez moi pour écouter les chansons de France Gall. Chez elle, les «grands» n'aimaient que les Rolling Stones. «Si mes frères avaient su que j'écoutais de la "variétoche", comme ils disaient, je me serais fait vachement engueuler. » On allait voir des comédies romantiques le mercredi après-midi, mais si, après la séance, je passais chez elle, c'était toujours des « chut, tu leur dis pas ». D'ailleurs, je me rends compte à présent que ses frères ne m'aimaient pas, me toléraient à peine. Ils sentaient que j'embarquais leur sœur dans un univers de filles, un petit monde rose bonbon qu'ils méprisaient, la ringardise absolue. Marion se demande parfois ce qu'elle serait devenue si elle avait eu une sœur. Aurait-elle été moins garçon manqué ? Aurait-elle été moins gênée par sa féminité ? « Une sœur m'aurait sans doute appris à me coiffer, à m'habiller, à me comporter comme une vraie femme. » Surtout, elle l'aurait peut-être aidée à avoir une relation plus tendre avec son père : « J'ai toujours été mal à l'aise avec lui. Il ne savait pas s'y prendre avec les petites filles. J'étais apparue dans sa vie très tard, il connaissait mieux les garçons. Avec moi, il fallait tout réapprendre. Son amour me faisait peur. Si j'avais vu ma sœur l'embrasser, être affectueuse, ça m'aurait été plus facile. »

Aujourd'hui, j'admire Marion pour sa persévérance. C'est une pugnace. Cette indépendance d'esprit, je suis certaine qu'elle la doit à ses frères. Dans sa famille, elle s'est battue pour exister malgré ses différences et cela a porté ses fruits. Je souris quand j'entends son frère aîné l'appeler pour lui demander un conseil, quand elle devient soudain l'épaule sur laquelle il se repose.

« Si j'avais eu une sœur, j'aurais voulu être l'aînée. J'aurais été une teigne. Elle aurait payé pour tout ce que j'ai enduré. Elle n'en serait pas sortie vivante. » C'est une pique personnelle qu'elle me lance. Je sais que j'ai maltraité Marion pour me venger de l'autorité de ma sœur. On en parle en rigolant. Puis elle ajoute, triomphante : «Tu me reproches de ne pas te raconter ma vie sentimentale. Tu vois, je fais comme toi avec ta sœur, ni plus ni moins.» Elle a marqué un point. Je ne sais plus quoi lui répondre. En fait, je préférais quand on était petites, je lui aurais mis une beigne.

*

«Je ne dirai jamais : ma sœur.» Quelle amertume dans la voix de Claire… Je ne m'attendais pas du tout à ça. Je pensais plutôt qu'elle lèverait les yeux au ciel quand nous aborderions la question. C'est tout le contraire. Enfant, elle s'est sentie très isolée face à ses frères aînés. «Et puis, j'étais le seul repère féminin dans la famille, c'était lourd à porter.» Elle sentait qu'elle ne pouvait pas se laisser aller. Il fallait sans cesse se donner des coups de pied aux fesses, se dépatouiller pour organiser sa propre vie. Faire des rencontres, créer un univers de petite fille. « Je n'avais pas le choix. Il fallait y mettre du sien. Aller vers les autres. Un peu comme une célibataire qui refuse la solitude. » Devoir se débrouiller toute seule lui a toujours paru très compliqué. Elle n'a pas de modèle. «Au fond, j'aurais aimé une sœur qui soit une sorte de jumelle sans l'être tout à fait. Elle aurait été comme moi, en mieux : plus belle, plus intéressante, plus séduisante. J'aurais suivi. Être la seconde dans ces conditions ne m'aurait pas gênée. Au contraire, ça m'aurait bien arrangée. » Pour compenser, elle a créé des liens très forts avec ses amies. Mais une copine, ça n'a rien à voir : on peut se brouiller, ne plus se voir sans raison. Une sœur, c'est du solide. «Avoir cette possibilité naturelle de se laisser aller aux colères, aux caprices, sans conséquences sur le futur. Et puis, je rêve du côté spontané. Ces filles qui disent : tiens, je vais appeler ma sœur, sans se demander si c'est le bon moment. Celles qui répondent : rappelle-moi plus tard, sans s'excuser parce qu'on est si intimes qu'on n'a pas à donner de raison. Et ce silence entre elles qui n'est jamais gênant.» Avec une sœur, pense-t-elle, tout est acquis, on n'a pas d'efforts à faire, c'est naturel. Et puis, quand surviennent les drames, les deuils, c'est un soutien inébranlable. «À la mort d'un parent, qui d'autre qu'une sœur peut comprendre ta douleur?» Elle pense aussi qu'une femme est plus fidèle à sa famille. «Des sœurs ne se brouillent pas parce que l'une d'elles a épousé un con. Je peux me tromper mais j'ai le sentiment qu'elles trouveront toujours un moyen pour se voir, pour s'aimer. En revanche, on voit bien comment ça se passe avec les hommes : la plupart du temps, ils lâchent leur famille pour celle de leur femme. Et ils se foutent complètement de la vie de leurs frères et sœurs. » Je perçois comme une irritation soudaine dans la voix de Claire. Ça sent le vécu ! Puis, nostalgique, elle conclut : «Tout ce que je raconte est de l'ordre du fantasme. La sœur idéale est la sœur qu'on n'aura jamais.»

*

Si Anne aurait détesté avoir une sœur, c'est d'abord parce qu'elle a mal vécu les rapports de sa mère avec sa tante. Ce modèle, le seul de son entourage proche, est loin de la réconforter. Leurs relations étaient extrêmement conflictuelles et ne lui laissent que des souvenirs amers. Curieusement, et même si elle sentait que sa tante n'était pas en odeur de sainteté, Anne se sentait irrésistiblement attirée par elle. «En entendant les reproches de ma mère contre sa sœur, j'avais du mal à ne pas prendre parti : je défendais bec et ongles cette tante, lui trouvais toujours des excuses. Ma mère en souffrait et, un jour de grande colère, m'a remis les idées en place. J'entendais pour la première fois sa version des faits, et j'ai compris l'origine de leurs affrontements. Je la sentais affectée et ça m'a bouleversée. » Ces deux sœurs, qui avaient reçu une éducation identique, n'avaient pas vécu la même enfance. L'une, la mère d'Anne, idolâtrait ses parents, sa sœur ne supportait pas cette relation presque exclusive. « Elle reprochait à ma mère de lui avoir volé une partie de son enfance, ce que ma mère réfutait bien sûr. » Ces deux femmes qui s'entre-déchiraient constamment l'ont dégoûtée des fratries.

Et puis, si Anne se sent très attachée aux gens qu'elle aime, très présente aussi, elle déteste le côté fusionnel qu'elle perçoit chez certaines sœurs. « Parler de tout, ne faire qu'un, avoir une confiance totale en l'autre, ce que j'entends sur ces rapports-là ne m'intéresse pas. Ça m'effraierait plutôt. Si une sœur doit être un modèle, un soutien permanent, non merci. Je n'ai pas besoin de ça. Je préfère de loin avoir une sœur de cœur. Une amie que j'ai choisie, qui m'aime sans me juger, telle que je suis. Qui ne se sente aucune obligation vis-à-vis de moi mais que je peux appeler n'importe quand en cas de problème. Une amie idéale me suffit amplement. »

*

À ma question, elle a éclaté de rire. Je n'ai pas bien compris pourquoi. Quand j'ai demandé à Delphine si elle avait déjà été en mal de sœur, sa seule réponse a été : « Quoi ? Mais tu rigoles ! Avoir une sœur aurait été un cauchemar ! » Pourquoi ça ? Il y a pire quand même ! « Non, il n'y a pas pire. J'ai toujours eu un gros problème de comparaison. Si j'avais eu une sœur, ç'aurait forcément été une Gene Tierney, une espèce d'icône sublime et brillante. De toute façon, bien mieux que moi, j'en suis certaine ! Alors, j'insiste : un cauchemar ! »

Dans la famille extrêmement conventionnelle de Delphine, les femmes sont très belles : « Leur beauté, c'était leur seul pouvoir. Celui des hommes était autrement décisif. J'ai rejeté tout ça en bloc. Je n'ai qu'un frère, forcément plus important aux yeux de mes parents et c'est ce que j'ai combattu depuis l'enfance. En étant courageuse, en serrant les poings, en travaillant dur. » Si elle avait eu une sœur, la compétition aurait été de l'ordre de la séduction : « J'aurais voulu la battre sur ce terrain-là, ç'aurait été dévalorisant. Je n'aurais rien gagné, plutôt perdu mon temps. » En voulant prouver qu'une fille c'est aussi bien qu'un garçon, Delphine en a un peu oublié sa féminité. À présent, c'est un acquis, elle se sent féminine. Mais, à quinze ans, il lui manquait quelque chose : « Il fallait apprendre les codes toute seule. Savoir se maquiller, s'habiller. Ce fut un apprentissage douloureux. Quoi qu'on dise, et malgré l'évolution des mœurs, il faut envoyer des signaux à la société quand on est une femme. Ces signaux, je ne les avais pas. On apprend plus tard, grâce aux hommes. Sans sœur comme mentor, c'est plus long, mais on s'en sort ! » Elle ajoute qu'elle a horreur de l'intimité. Ça ne lui convient pas du tout. Elle aime les parts d'ombre. Une sœur qui saurait tout d'elle ? « Rien que d'y penser, ça me fait froid dans le dos. Ce que je préfère dans une relation, c'est ce qui échappe à l'autre. Le côté fusionnel me fait horreur. »

*

Patricia est catégorique : « Ni grande sœur, ni petite sœur. Je n'avais besoin de personne et, surtout, j'ai toujours voulu qu'on me foute la paix ! » Le frère aîné de Patricia a trouvé tout naturellement sa place dans la famille. Patricia a tâtonné pour trouver la sienne. Ce n'était pas simple. Son frère a toujours été aux antipodes de ce qu'on pourrait appeler le compagnon idéal, le complice et, pourquoi pas, l'ami : « Il passait beaucoup de temps à me bastonner. Ce n'était pas une sinécure. Il n'a pas joué le jeu : j'ai longtemps rêvé d'établir une bonne relation avec lui. J'ai échoué. Il était plutôt un étranger. Mais ça s'arrange en vieillissant ! » Ne pas avoir de sœur l'a entretenue dans l'idée qu'elle était un garçon manqué. Pas de poupées chez elle, par peur du ridicule. En outre, avec une sœur, Patricia aurait sans doute dû entrer en compétition, c'est dans son caractère. « Avec mon frère, il n'en était même pas question, on vivait en parallèle, jamais ensemble. » Adulte, elle s'occupe beaucoup de sa mère qui est seule. C'est parfois lourd. « Mon frère est loin. Pas très attentif. Une sœur m'aurait sans doute soulagée. On aurait compris, et l'une et l'autre, qu'il fallait s'occuper d'elle de plus en plus. » Patricia, peut-être à cause de cette enfance solitaire, est très indépendante. «Avoir une sœur sans arrêt dans les pattes m'aurait rendue dingue. Une amie proche a toujours fait l'affaire. Chacune chez soi, chacune son pré carré, chacune sa vie. C'est ça, la liberté. »

*

Sophie est si douce qu'on sait intuitivement qu'elle aurait été une sœur parfaite. Elle n'en a pas. J'aurais juré qu'elle en rêvait et j'avais raison. « Ce sont les filles qui font les vraies familles. Avec leurs parents, les fils ont toujours des rapports plus formels. » Alors, depuis des années, Sophie se donne un mal de chien pour que tout le monde se retrouve à Noël. Elle n'oublie jamais les anniversaires des uns et des autres. « Je regrette d'être la seule à vouloir entretenir ces liens familiaux. J'ai envie de créer un cocon, un lieu idéal où on se sente bien, un lien infaillible qui me paraît important, même à mon âge. Je baisse souvent les bras. J'ai l'intuition qu'une sœur aurait partagé ma façon de voir les choses… » Elle aurait aimé lui raconter toutes ces histoires futiles, ces petits riens ou même ces gros chagrins qu'on n'ose pas toujours dire aux copines de peur de les ennuyer. « L'autre jour, j'ai eu un gros coup de blues. J'ai eu comme l'impression que mes parents m'avaient totalement zappée. Ils n'avaient pas pensé à m'appeler pour mon anniversaire et, quelques mois plus tôt, avaient oublié les cadeaux de Noël. Ou plutôt, avaient considéré que ça n'avait pas grande importance. J'ai pensé que mon frère serait le seul à comprendre pourquoi j'étais si affectée. Je me suis trompée. Il m'a dit en plaisantant que j'étais une grande fille. Que ma réaction était complètement dispro-portionnée, que nos parents ne changeraient plus et qu'il fallait se faire une raison. J'ai senti qu'il ne saisissait pas du tout ce que je lui disais. Je suis persuadée qu'une sœur m'aurait soutenue sans me juger. Mais je me trompe peut-être… »

Sophie se trompe sans doute. Toutes celles qui ont rêvé d'avoir une sœur se trompent sûrement. Et aussi celles qui n'en voudraient pour rien au monde.

J'ai moi-même rêvé d'être une sœur idéale. J'ai rêvé d'avoir une sœur idéale. On a de temps en temps raté notre coup. Mais pas toujours.

C'est un sujet inépuisable, très mystérieux, très complexe mais toujours émouvant. Une histoire de sœurs, c'est un peu une histoire d'amour.

Conclusion

À Saint-Palais, je suis toujours debout la première. Tout ce soleil d'un coup. C'est l'heure, je vais la réveiller. En entrant dans sa chambre, dans la pénombre, je la revois enfant. Elle dort profondément, rien ne pourrait la troubler. J'ouvre les volets et elle me sourit : « Il fait beau ? » Le ciel est au beau fixe, l'humeur aussi. On ne se parle pas trop, il lui faut du temps. Et puis, on a toute la journée. On boit notre café, on joue avec le chien, et on regarde son armoire pleine. Parfois, on met un disque. La musique des

193

Demoiselles de Rochefort la fait lever d'un bond. «Nous sommes deux sœurs jumelles, nées sous le signe des Gémeaux...» On improvise même un petit ballet. Rochefort, c'est à côté, un jour, promis, on ira voir.

Saint-Palais, c'est le pays de notre enfance. Là-bas, on est toujours ensemble. On nous appelle «les sœurs», rarement par nos prénoms. Quand on en cherche une, on demande à l'autre. Sur la plage, nos copains nous voient arriver côte à côte, la blonde et la brune. On est toujours en train de discuter. Parfois, on nous demande ce qu'on a encore à se dire. On ne sait pas quoi répondre. On ne se souvient plus de quoi on parlait.

Les enfants courent vers nous, on passe beaucoup de temps à les embrasser. On harcèle quotidiennement le jeune Gaspard : «Laquelle de nous deux tu préfères?» Déjà diplomate, il répond tous les jours la même chose : «Les deux, je préfère les deux.» À la fin de l'été, il rétorque plutôt : «Aucune, je n'en aime aucune.» On fait semblant d'être furieuses.

Les petites filles montrent à ma sœur leur nouveau maillot de bain, elles savent qu'en cette matière elle est un juge inégalable. Je m'amuse de les voir faire des manières, se tortiller comme des top-modèles miniatures pour lui plaire. Les petits garçons nous racontent leurs exploits : les kilomètres à vélo ou le match de tennis qu'ils ont, bien sûr, gagné haut la main. On rit de les entendre dire, grelottants et les lèvres bleues : «La mer? Elle est bouillante!» quand on sait qu'elle ne dépasse pas les 19 degrés.

Il fait chaud, moi aussi je vais aller me baigner. «Avec qui?» me demande mon aînée. Je ne sais pas. Toute seule sans doute. Elle grimace. L'angoisse se lit sur son visage. La voilà debout, prête à ameuter toute la plage pour qu'on m'accompagne. Elle n'arrive pas toujours à me trouver un nageur, un « protecteur » digne de ce nom. Elle viendrait presque avec moi. Presque seulement. L'Atlantique est froid et ma sœur frileuse. Je pars nager seule. Au beau milieu de l'océan, je me retourne. Je l'aperçois, là, au bord de l'eau, toute petite silhouette parmi tant d'autres. Son visage est tourné vers moi, le regard doit être concentré, rien ne pourra détourner son attention. Je continue à nager et jette un coup d'œil vers la plage. Elle n'est plus qu'un point et pourtant je ne vois qu'elle. Je renonce à aller trop loin. Ne jouons pas avec ses nerfs. Peu à peu, son image se fait plus nette. Une amie lui parle, elle ne la regarde pas et, sans doute, ne l'écoute pas. Elle continue à me fixer jusqu'à ce que le danger soit écarté. Puis, naturellement, passe à autre chose.

Ma sœur doit penser que je ne me suis

rendu compte de rien. Que je ne sais pas que, depuis toutes ces années, elle me surveille. Que, depuis toutes ces années, mes bonheurs la réjouissent et mes malheurs l'affligent. Que mes grands et mes petits ennuis la préoccupent.

Un tel attachement est parfois lourd à porter. Mais il m'est le plus souvent léger.

Table

CET OUVRAGE A ÉTÉ COMPOSÉ
PAR DOMINIQUE GUILLAUMIN (PARIS)
ET ACHEVÉ D'IMPRIMER SUR ROTO-PAGE
PAR L'IMPRIMERIE FLOCH À MAYENNE
POUR LE COMPTE DES ÉDITIONS J.-C. LATTÈS
17, RUE JACOB, 75006 PARIS
EN MARS 2014

JC Lattès s'engage pour l'environnement en réduisant l'empreinte carbone de ses livres. Celle de cet exemplaire est de : 630 kg éq. CO_2
Rendez-vous sur www.jclattes-durable.fr

PAPIER À BASE DE
FIBRES CERTIFIÉES

Dépôt légal : avril 2014
N° d'édition : 01 – N° d'impression :

* 9 7 8 2 7 0 9 6 4 3 7 0 2 *